実践

VaRとリスク評価の基礎

青沼 君明［著］

一般社団法人 金融財政事情研究会

はじめに

　企業経営において、重要度を高めているリスク・マネジメントとは、リスクとリターンのバランスをいかにとるかということであるが、そのためには将来のリスクとリターンをうまく計量化しコントロールする技術が不可欠となる。

　近年の事業環境を取り巻く社会・経済の変化は著しく、これに伴う政策変更やマーケットの状態変化も激しい。

　こうした状況下で事業を存続させ、収益を確保するためには、事業におけるリスク要因を予め把握し、リスクの発生時点を推測し、必要に応じて事業計画を変更するといった柔軟な意思決定を可能とする枠組みが必要となる。

　本書は、VaRを中心とした市場リスクの計測に必要な基礎理論を学ぶことを目的とした『Excel&VBAで学ぶVaR』（2009年）の改訂版として執筆したものである。旧版の内容にバーゼルⅢの特徴、CVaRといったリスク評価手法の解説などを加え、リスク・マネジメントに必要な基礎理論を学びたいと考えている社会人や学生が独学でも取り組めるように、Excelで分析可能な例題を数多く取り入れ、理解の定着化につながるよう配慮した。読者のみなさんがこれらの例題や演習問題に実際に取り組むことで、必要な知識を実務の臨場感をもって身に付けることができると考えている。例題や演習問題の多くをExcelで回答できるようにしていることには、企業で働く実務家や学生にとってExcelがごく身近なツールになっているため、実際にExcelで計算したりグラフを描いたりすると、感覚的な理解を促すのに役立つだろうという筆者の意図がある。

　リスクの捉え方は企業の立場、評価分野によって異なるため、専門的な理論、厳密な定義などについては専門書に委ね、本書では実務でよく必要となるものにフォーカスして解説した。そのため、数学的なあいまいさを残した

部分も多くある。

　本書はExcelの入門書ではないので、Excelの説明は必要最小限にとどめてある。Excelの詳細は専門書を参照していただきたい。また、演習問題の解答プログラムは、理解のしやすさを優先し、説明に用いた処理手順どおりに記載している。したがって、決して効率的なものではなく、エラー処理ルーチンや操作性についても考慮していない。

　最後に、本書執筆の機会を与えてくれた一般社団法人金融財政事情研究会出版部の花岡博氏に心から感謝する。もちろん、ありうるべき誤りはすべて著者の責任に帰する。

　なお、本書は著者の個人的な見解に従って理論を例示したものであり、普遍的、合理的なモデルを紹介したものではない。したがって、実務で利用される場合には、自己責任のもと、十分な検討のうえでご利用いただきたい。

2023年8月

著　　者

プログラムの利用法

　本書で扱ったExcelのサンプルプログラムについては、一般社団法人金融財政事情研究会（以下「当会」）のウェブサイトからダウンロード可能です。

　ダウンロードしたプログラムをご自身のPC、Googleドライブなどに保存してご利用ください。

【ダウンロードの方法】

　本書の購入者に限り、以下の当会ウェブサイトから、著者の作成したサンプルプログラム等をダウンロードできます。

　　　https://www.kinzai.jp/tokuten/

　　　［パスワード］NvAicQ6P

　本プログラムは、本書で説明した内容の理解を助けるためのものであり、実務に直接利用することは避けてください。万一、実際の取引に利用し、そのために損失を被った場合でも、著者ならびに当会はいっさいの責任を負いませんのでご了承ください。

　また、後日、本プログラムに誤りが発見された場合には、修正プログラムを当会ウェブサイトに適宜アップロードいたします。

【商　　標】

　Excelは米国Microsoft社の登録商標です。

■著者紹介

青沼　君明（あおぬま　きみあき）

1977年　ソニー株式会社入社
1990年　三菱銀行（現、三菱UFJ銀行）入行
　　　　融資企画部 CPMグループ チーフ・クオンツ2019年3月退職
東京大学大学院 数理科学研究科 博士課程修了（数理科学博士）
〈アカデミック活動〉
2001年〜2003年　一橋大学大学院 国際企業戦略研究科 非常勤講師
2004年〜2019年　一橋大学大学院 経済学研究科 客員教授
2003年〜現在　　大阪大学大学院 基礎工学研究科 招聘教授
2004年〜現在　　東京大学大学院 数理科学研究科 客員教授
2004年　　　　　京都大学大学院 経済学研究科 非常勤講師
2014年〜現在　　明治大学大学院 グローバルビジネス研究科 専任教授
〈著書〉
① 木島正明編（共著）（1998）『金融リスクの計量化〈下〉クレジット・リスク』金融財政事情研究会
② 森平爽一郎編（共著）（2000）『ファイナンシャル・リスクマネージメント』朝倉書店
③ 楠岡成雄・青沼君明・中川秀敏（2001）『クレジット・リスク・モデル──評価モデルの実用化とクレジット・デリバティブへの応用』金融財政事情研究会
④ 青沼君明・岩城秀樹（2002）『Excelで学ぶファイナンス(3)債券・金利・為替』金融財政事情研究会
⑤ 木島正明・青沼君明（2003）『Excel&VBAで学ぶファイナンスの数理』金融財政事情研究会
⑥ 今野浩・刈屋武昭・木島正明編（共著）（2004）『金融工学事典』朝倉書店
⑦ 杉山髙一・藤越康祝・杉浦成昭・国友直人編（共著）（2021）『統計データ科学事典（新装版）』朝倉書店
⑧ 青沼君明・市川伸子（2008）『Excelで学ぶバーゼルⅡと信用リスク評価手法』金融財政事情研究会
⑨ 青沼君明・村内佳子（2009）『Excel&VBAで学ぶVaR』金融財政事情研究会
⑩ 青沼君明・市川伸子（2009）『Excel&VBAで学ぶ金融統計の基礎』金融財政事情研究会
⑪ 青沼君明・村内佳子（2010）『Excel&VBAで学ぶ信用リスクの基礎』金融

財政事情研究会
⑫ 青沼君明・村内佳子（2011）『Excelで学ぶ確率統計の基礎』金融財政事情研究会
⑬ 青沼君明・村内佳子（2012）『Excelで学ぶ金融数学の基礎』金融財政事情研究会
⑭ 青沼君明・市川伸子（2012）『Excelで学ぶフォワード・ルッキングの基礎』金融財政事情研究会
⑮ 青沼君明（2014）『企業数理のすべて——プランニングからリスクマネジメントへの応用』きんざい
⑯ 青沼君明（2022）『Pythonで学ぶビジネスデータの予測モデル』金融財政事情研究会

〈訳書〉
① 共訳（1992）『フィナンシャルエンジニアリング』ジョン・ハル著、金融財政事情研究会
② 共訳（1995）『デリバティブ入門』ジョン・ハル著、金融財政事情研究会
③ 共訳（1998）『フィナンシャルエンジニアリング〔第3版〕』ジョン・ハル著、金融財政事情研究会
④ 共訳（2001）『フィナンシャルエンジニアリング〔第4版〕』ジョン・ハル著、金融財政事情研究会
⑤ 共訳（2005）『フィナンシャルエンジニアリング〔第5版〕』ジョン・ハル著、金融財政事情研究会

目　次

第5章　モンテカルロ・シミュレーションによる VaRとCVaRの評価

第6章 バックテスト

Appendix A 行列の計算

第1章

リスク・マネジメント
とは何か

1.0 はじめに

リスクとは、個人や企業が将来なんらかの損失を被る可能性（危険性）のことであり、将来の不確実性に起因したものである。個人のリスクとしては、将来の家計収支、保有資産などの価格変化、病気・災害・事故、仕事を失う可能性、などが考えられる。一方、企業のリスクとしては、商品需要や市場の変化、原材料価格の変化、関係企業の倒産による企業収支の減損、災害による事業継続不能、制度・政策などの外部要因の変化といった例があげられる。これらのリスクの多くは、保険やデリバティブなどの金融商品を用いてコントロール（排除）することが可能である。しかし、リスク・コントロールにはコストがかかり、過剰なリスク・コントロールは企業収益を圧迫する可能性がある。また、リスクのあるビジネスにこそ企業収益の源泉があり、なんらかの形でリスクを保有しなければ収益を生み出すことがむずかしいのも事実である。企業の成長性と収益性を維持するためには、企業戦略と財務バランスのなかでリスクをいかにコントロールするかが重要である。こうしたリスク・コントロールを総称して**事業リスク・マネジメント**と呼んでいる。

事業リスク・マネジメントでは、次のような機能が必要である。

① 定期的なリスク計測

リスク量を定期的にモニタリングし、どんな種類のリスクが、どのような要因によって、どのぐらいの頻度で発生しているのかといった、現状のリスク傾向を把握する。そして、リスクが発生した場合の影響範囲や大きさがどの程度になるかを推測する。

② リスク量の許容限度の決定

企業が収益をあげるためには、ある程度のリスクはとらざるをえない。この許容可能なリスク量の限度は企業の経営戦略に合わせて決定される。経営戦略単位および企業全体の総リスク量が許容限度の範囲内に収まっているの

かをモニタリングし、リスク・コントロール戦略の合理性を確認する。

③ リスク量が許容限度を超えた場合のリスク量の調整

　企業環境は絶えず変化し、リスク構成も変わる。リクス・コントロール戦略がうまくワークせず当初想定したリスク量の許容限度を超える可能性がある場合、または一時的に許容限度を超えた場合には、リスク・コントロール戦略の改善によってリスク量を調整する。同時に、経営戦略の方向性と損失に対する処置方法を検討・決定する。

　このように、企業目的や企業理念などを前提としたうえで、企業を取り巻く広範囲なリスクを包括的にコントロールし、限られた資源のなかで将来にわたる収益（期待収益）を最大化するような経営戦略を立案するのが、**リスク・マネジメント**である。

　リスク量を計測するには、まずリスクの種類と発生要因に応じてリスクを分類し、なんらかの方法（モデル）で個々のリスクの大きさを計量化する必要がある。特に大企業の場合は、企業全体のリスクを管理する組織やルールをつくり、リスクデータの集中・計測・モニタリングによる一括管理を行うことで、リスク計測精度の一元化と情報共有化を図る仕組みが重要である。また、リスク量を効率よくコントロールするため、組織をまたいだリスク移転の仕組みをつくるなどの組織戦略も求められる。

　リスク管理は企業経営に不可欠であるが、政府機関からの要請でリスク計測が義務づけられているものもある。この１つの例が**BIS規制**である。BIS規制では、国際的に活動する銀行は保有するリスク量に見合った最低限の自己資本を用意する必要があり、この自己資本比率を満たさなければ国際業務をすることができないと定めている。BIS規制はこれまで何度も議論と見直しが重ねられており、こうした規制変更に応じるため、リスク計測手法も高度化している。第1章では、BIS規制の内容自体の記述は概略にとどめ、BIS規制のなかでもリスク評価の最も基本的な考え方として用いられている、バリュー・アット・リスク（VaR：Value at Risk）の概念について説

明する。VaRは、

① リスク量の認識

② 資産配分の効率化（VaR値の安定性が重要）

③ リスクを加味したパフォーマンス評価

という面で重要な指標となっている。

1.1 リスクの分類

リスクの要因にはさまざまなものがあるが、それらを明確に分類することは容易ではない。IOSCO（証券監督者国際機構）では、リスクを以下のように7分類している。

① **市場リスク（マーケット・リスク）**

株価、為替、金利などの市場で取引される商品の価格や指標値の変動によって、保有資産の価値が下落した場合に生じる損失リスクである。マーケットがクローズした後に発生した事件や海外マーケットの変化により、翌日のマーケットのオープン価格が影響を受けて損失が生じることもある。このリスクを特に**オーバーナイト・リスク**と呼んでいる。

② **信用リスク**

信用リスクには直接的なリスクと間接的なリスクがある。直接的なリスクとは、契約相手の債務不履行や倒産によって被る損失のことである。一方、間接的なリスクは、株式や社債などのように、発行企業の信用力によって市場価格が変動する金融商品を保有していた場合、発行企業の信用力低下により金融商品の市場価値が低下して被る損失を指す。2008年のリーマン・ショックは、米国の住宅市場の悪化による住宅ローンの破綻問題により投資銀行であるリーマン・ブラザーズ・ホールディングスが経営破綻したことに起因したものである。これにより、世界規模の金融危機が連鎖的に発生し信用収縮による金融危機を招くことになった。これをきっかけとして、信用リ

スク管理手法の高度化がより求められることとなった。

③ **オペレーショナル・リスク**

ポジション管理システムの欠陥、操作ミス、天災などによるシステムダウン、あるいは担当者の不正などがある。広義には、決済リスク、法的リスク、モデル・リスクなどを含める場合もある。

　例：顧客への商品説明不足（コンプライアンス・リスク）

　例：デリバティブなどの商品では、プライシング評価モデルの違いから複数の価値が算出され、互いに矛盾する可能性がある（**モデル・リスク**）。また、市場実態と合わないモデルで評価すると保有ポジションを過大評価する危険性もある。このようなモデル・リスクを未然に防ぐためには、市場の実勢レートを反映した客観的な評価モデルを用いることが不可欠であり、モデルの整合性の確認も常に求められる。

④ **流動性リスク**

経済状態や金利政策といった市場の外部要因は、証券やデリバティブの取引量に影響を与える。たとえば市場での取引量が減少すれば、想定していた価格で売買できなくなる可能性が生じ、価格の変化幅も大きくなると考えられる。この取引量の増減に起因するリスクが流動性リスクである。また、大きなポジションを売却（購入）した場合や流動性の低い銘柄の売却を行った場合、市場価格よりも低い価格で売却（高い価格で購入）せざるをえない状況が生じるケースがある。この結果生じるコストを**マーケット・インパクト**と呼ぶ。

⑤ **決済リスク**

契約の一方の当事者による支払終了後、もう一方の当事者が支払を終了する前に債務不履行に陥る場合がある。また、金利スワップなどでキャッシュフローの受払期日が異なるような場合に、相殺すべきリスクが完全にはなくならない状況が起こりうる。こうしたリスクを決済リスクという。金利ス

ワップの受払金利の支払日が一致し、差額決済（ネットアウト）している場合には、こうした決済リスクは比較的少なくなる。

⑥ **法的リスク**

契約が法的に無効となるリスクである。市場操作、インサイダー取引などの政府が敷いている規制に違反する行為も含まれる。

⑦ **名声リスク**

企業の不祥事や従業員の悪質行為により、のれんに傷がつく損失である。たとえば食品メーカーや老舗料理店などの不適正な材料・賞味期限表示、管理形態の欠陥の露呈による企業倒産や事業縮小、ネットでのイタズラ動画による企業イメージの低下などが該当する。

その他、企業環境や国際関係などの変化により、現在想定されていないリスクが将来発生する可能性がある。新たなリスクを計測する場合には、リスクの発生要因や対象範囲を明確にする必要がある。

1.2 リスク量の計測

従来の市場（マーケット）リスクの管理手法は、商品種類毎に総投資額や（想定）元本ベースの**ポジションリミット**などを設定し、この範囲内での取引を許容するというのが一般的であった。表1.1は、債券ポジションに満期（バケット）毎の額面総額上限を設定した例である。

ここでは額面総額の上限によって取引量を制限して、債券ポジション全体のリスク量をコントロールしていたと解釈できる。この方法は、額面上限の遵守状況のチェックが簡単であるというメリットはあるが、

① リスクの大小を正確に反映していない

② ある満期バケットで余裕があってもそれを他のバケットに振り替えることが許されないので、資本利用が非効率となる

③ 満期バケット間でリスクを相殺する関係にあっても、それを考慮しない

表1.1　満期毎の額面総額の上限の例

満期までの期間	額面総額の上限
3年未満	30億円
3～5年	25億円
5～7年	20億円
7～10年	15億円

といった問題がある。

　リスクとは損失を被る可能性である。リスク計測の目的は、損失を被る不確実性をなんらかの数値で評価し、異なるリスクの大小関係の比較を可能とすることにある。したがって、リスク評価モデルはリスクの大きさを数値で示すための一種の物差しを意味する。

例1.1

　たとえば、ある企業は1,000億円の資金を投じて海外に工場を建てるプロジェクトを計画しているとする。経営会議の場でこのプロジェクトのリスク量を議論しようとした場合、どのように説明するのがよいだろうか。ある人は、「この国での法制度が改変となり、この工場を建てた途端に閉鎖される可能性があるから、リスク量は1,000億円とすべき」というかもしれない。また、別の人は、「この投資が失敗すれば、本業にも影響がある可能性があるのでリスク量は2,000億円とすべき」というかもしれない。要は、人によってリスクの基準が違っているのである。それでは、彼らの言葉のなかに共通のポイントはないだろうか。両者とも「可能性」という言葉を使っている。「可能性」とは確率を意味し、「可能性が低いものについてはリスクと考えなくてもよいのではないか」という気持ちが暗に含まれていると捉えられる。VaRは、まさにこの考え方を直接表現したものであり、「損失額として1,000億円を見込んでおけば、それ以上の損失が発生する可能性は1%しか

ない」、あるいは「損失額として1,000億円を見込んでおけば、99%の確率で
それ以上の損失が発生することはない」ということを意味している。この
99%が信頼水準であり、損失額1,000億円がVaRとなる。

···

以下の2つの資産を想定する。

　　資産A：確率0.5で1,000千円の利益、確率0.5で1,000千円の損失が発生
　　　　　すると予想されている。

　　資産B：確率0.2で2,000千円の利益、確率0.8で500千円の損失が発生す
　　　　　ると予想されている。

　資産Aと資産Bでどちらのリスクが大きいか。

[解]　まず、資産Aと資産Bの利益をX_A, X_Bとし、平均μ_A, μ_B、分散σ_A^2, σ_B^2
（σ_A, σ_Bは、資産Aと資産Bの利益のそれぞれの標準偏差）を計算する。な
お、平均μ_A, μ_Bは、利益X_A, X_Bの期待値として計算される。資産Aの利益
X_Aの過去時点 t での実現値を$x_A(t)$とし、過去 T 期間（$t=1, 2, \cdots, T$）の
実績が観測されているものとすると、資産Aの利益の平均$\bar{X}_A$は

$$\bar{X}_A = \frac{1}{T}(x_A(1) + x_A(2) + x_A(3) + \cdots + x_A(T)) = \frac{1}{T}\sum_{t=1}^{T} x_A(t) \tag{1.1}$$

で計算される。ある将来時点での資産Aの利益x_Aは現時点では確定してい
ない変数であり、そうした変数のことを**確率変数**という。そのため、確率変
数X_Aの平均は期待値$E[X_A]$で表現される。

$$\mu_A = E[X_A] = \sum x_A \cdot P\{X_A = x_A\} \tag{1.2}$$

　利益x_Aは、資産Aの将来の利益X_Aが取りうるあらゆる水準、$P\{X_A = x_A\}$
は資産Aの将来の利益X_Aが、丁度x_Aとなる確率（割合）を意味している。

（1.1）式と（1.2）式の違いを比較すると、（1.1）式には$\frac{1}{T}$、（1.2）

式には $P\{X_A = x_A\}$ がある。（1.1）式のデータの個数は T であり、それぞれの実現値 $x_A(t)$ の発生確率がすべて等しいとすると、その発生確率 $P\{X_A = x_A\}$ は $\dfrac{1}{T}$ となっており、この2つの式は同じことを表現していることがわかる。

この例の場合は、

$$\mu_A = E[X_A] = \sum_{i=1}^{2} x_A \cdot P\{X_A = x_A\}$$

$$\mu_A = 1,000千円 \times 0.5 - 1,000千円 \times 0.5 = 0$$

$$\mu_B = 2,000千円 \times 0.2 - 500千円 \times 0.8 = 0$$

となり、資産Aと資産Bの利益の期待値は同じ0となる。

次に、データの広がりを示す、資産Aと資産Bの利益の分散 $V[X_A]$, $V[X_B]$ を計算する。

$$V[X_A] = E[(X_A - E[X_A])^2] = \sum_{i=1}^{2} (x_A - \mu_A)^2 \cdot P\{X_A = x_A\}$$

$$= (1,000千円 - 0円)^2 \times 0.5 + (-1,000千円 - 0円)^2 \times 0.5$$

$$= 1,000,000千円$$

資産Aの利益の標準偏差 σ_A は、$\sigma_A^2 = V[X_A]$ であるので $\sigma_A = 1,000$ 千円となる。同様に、

$$V[X_B] = (2,000千円 - 0円)^2 \times 0.2 + (-500千円 - 0円)^2 \times 0.8$$

$$= 1,000,000千円$$

となり、標準偏差 σ_B は $\sigma_B = 1,000$ 千円となる。どちらの資産の利益も平均は0、分散は1,000,000千円（標準偏差は1,000千円）となる。したがって、仮に分散（標準偏差）を**リスク尺度**としてリスクを評価した場合、これら2つの資産のリスク量は等しいということになる。

しかし、ここで、資産の損失が500千円までであれば手持資金から充当できるが、それを超えた場合には重大な問題が発生してしまうという個人投資

家がいるとする。この個人投資家にとっては、1,000千円の損害が発生する可能性のある資産Aのほうが、リスクが大きいと考えられるであろう。一方、とにかく損害を出すことが許されないトレーダーにとっては、損失可能性が高い資産Bのほうがよりリスクが大きいと考えられるかもしれない。このように、リスクの評価の考え方は目的・立場・条件などによって異なるというのが一般的である。

例1.2では、平均と分散という概念でリスクを計測した。リスクとは不確実性であり、その値を数値化するための道具が確率モデルの考え方である。確率モデルを用いたリスク評価とは、将来の利益、キャッシュフロー、収益率などの確率分布に対してリスク量を対応させることである。平均や分散もこの分布から得られる値であり、「起こりうる損失額の最大値」や、「利益が0以下となる確率」も、ある分布を想定したときに決まる値である。また、リスク尺度とは、どのような分布に、どういう数値を対応させるかというルールを定めたものである。

リスク尺度が決まれば、リスク量を実際に計測することが可能となる。しかし、将来の収益率などの分布は未知であるので、まず過去の資産価格データなどを基に将来の分布を推定する必要がある。分布が推定されれば、それを基にあるリスク尺度のもとでのリスク量が数値として与えられる。なお、これはあくまで推定値であるため、それがどれくらい信頼に値するものなのかを実証するための**バックテスト**、すなわち、過去のある時点で評価したリスク量が、本当に適切であったかどうかの評価が必要となる。リスク評価の方法として、次のような2つの概念がある。

① **アーニングス・アット・リスク**（**EaR**：Earnings at Risk）
会計上の期間損益の変動をリスクとして捉える。

② **バリュー・アット・リスク**（**VaR**：Value at Risk）
取引時価の変動をリスクとして捉える。また、リスクを計量する場合の

指標として**ダウンサイド・リスク**（Down side risk）がよく用いられる。これはリスク管理上、価格が下がったときに損失が出る場合を意味し、**アッパーサイド・リスク**（Upper side risk）とは、価格が上がったときに損失が出る場合を意味する。これらは、損失が発生する価格の方向のみをリスクとして捉えるという考え方によるものである。

VaR（Value at Risk）は、確率モデルを用いたリスク尺度の1つである。次にVaRの定義を述べる。

定義1.1　**VaRの定義**

現時点 t で保有している資産の現在価値を $V(t)$、ある一定期間（保有期間）Δt が経過した時点 $t+\Delta t$ でのこの資産の価値を $V(t+\Delta t)$ とする。この資産価値 $V(t+\Delta t)$ そのもののリスクを評価するため、資産価値 $V(t+\Delta t)$ の下落を許容できる下限値として基準値 a を設け、資産価値 $V(t+\Delta t)$ がこの基準値 a を下回ってしまう確率を α とする。

$$P\{V(t+\Delta t)<a\}=\alpha \qquad\qquad (1.3)$$

この基準値 a をVaRと定義する。

（1.3）式で、水準 α を $\alpha=0.05$ と設定すると、資産価値 $V(t+\Delta t)$ が基準値 a を下回る確率が0.05あるということを意味する。このとき、基準値 a 以上となる確率は $(1-\alpha)=(1-0.05)=0.95$ であり、「95％水準のVaRは a である」と表現する。なお、基準値 a のことを $100\times\alpha$ パーセント点ともいう（図1.1）。

これは、基準値 a を5,000万円とすると、時点 $t+\Delta t$ での資産価値5,000万円を想定しておけば、95％の確率でそれを下回ることがないということを表している。

ここで、保有する資産の変動幅（損失分）$\Delta V(t+\Delta t)=V(t+\Delta t)-V(t)$ の

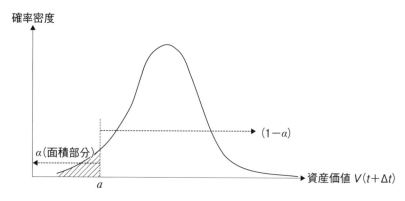

図1.1　VaRのイメージ

αパーセント点について検討する。たとえば保有する資産について、Δtを1日、αを1％として基準値aが1億円であれば、保有期間1日の水準99％のVaRが1億円である（あるいは「水準99％の最大損失額」が1億円である）というように表現される。これは、通常の市場変動であれば、保有期間1日の間に1億円以上の損失が発生する可能性はせいぜい1％ということを意味している。逆に言えば、100日に1回程度の率で、保有期間1日の間に1億円以上損失が出る可能性があることになる。

　例1.1のプロジェクトの例において、初期投資額を$V(t)=1,000$億円、プロジェクトの評価期間をΔt、時点$t+\Delta t$におけるプロジェクトの価値を$V(t+\Delta t)$とする。プロジェクトによる損失$\Delta V(t+\Delta t)$が100億円を超える状況は、$(1-\alpha)=(1-0.01)=0.99$で99％以下の確率で起こるものとすると、（1.3）式は、

　　　$P\{\Delta V(t+\Delta t)<-100\text{億円}\}=0.01$

で表すことができる。

　VaRによって示されるリスク量は、損益計算書などに示される金額そのものであり、市場リスクに興味のある幅広い層が直感的に意味を理解しやすい指標であるということも、大きなメリットである。VaRの特長をまとめると

以下のようになる。

① VaRは水準 α に依存する

水準 α を高めに設定すれば保守的なリスク測度となる。

② VaRは保有期間により変わる

保有期間が長くなると、分布が広がるのでVaRも大きくなる。

③ VaRは評価に利用するデータの期間に依存する

④ VaRを推定するには、なんらかの確率モデルが必要である

⑤ 分布の推定

設定したモデルにより、ポートフォリオの価値の変動や、金利の変動などの分布を推定する（正規分布が前提であるのではない）。

⑥ ポートフォリオの構成に依存

VaRは資産の種類に依存しない定義であるので、さまざまな種類の資産を含むポートフォリオにも適用可能な概念であり、異なる種類の資産間のリスクの大小比較も可能となる。

金融資産の保有期間としては、1日や1週間などがよく用いられる。VaR評価上の保有期間は、保有資産の内容やVaR計測の目的に応じて決めるべきである。リスクを完全になくすには、保有しているポートフォリオをすべて売却すればよい。したがって、すべてのポートフォリオを売却するために必要な時間を、ポートフォリオの価値の変動を計測するのに最良の時間幅とすべきである。保有期間（リスク・ホライゾン）の考え方には以下のようなポイントがある。

① 保有資産をたたむ（買持ちの物は売却、空売りの物は買い戻す）ために必要な期間

保有資産をたたんだ場合の損失額は、99％の確率で、たたむと決めた時点でのVaR値を超えない（実際にはマーケット・インパクトの問題もあり、必ずしも超えないとはいえない）。

② ヘッジ頻度によって決まる、ポートフォリオ組替えに必要な期間

　「"資産構成を一定と仮定した場合の"最大損失」というような解釈がしやすい。

③ 次回VaR値報告をするまでの期間

　資産の流動性は取引量に関係する。大量の資産を市場で売却しようとすると、その売却が起因となって市場価格が上昇してしまう場合がある。したがって、たとえば資産全部、もしくは一部を処分することになった場合、**ロス・カット・ルール**[1]により、VaRの保有期間内に取引処理が終わってもVaR値以上の損失を被る可能性がある。

1.3　バーゼルⅡとバーゼルⅢの変更点の概要

　バーゼル銀行監督委員会が公表しているバーゼル合意は、国際ビジネスを展開している銀行に対し、確保すべき自己資本比率や流動性比率等を定めた国際統一基準のことである。日本を含む多くの国が銀行規制として採用している。最初のバーゼルⅠは1988年に、バーゼルⅡは2004年に策定された。そして、2007年のリーマン・ショックによる世界的な金融危機を背景に、新しい規制の枠組みであるバーゼルⅢが2017年に最終案として国際合意された。

　バーゼルⅠは、国際的な銀行システムの健全性強化と、国際業務に携わる銀行間の競争上の平等を目的として策定されたものであり、銀行の自己資本比率の測定方法と、最低所要自己資本比率（8％以上）が定められた。わが国では、1992年度末から本格的に適用された。

　バーゼルⅡでは、最低所要自己資本比率（8％以上）はバーゼルⅠと同じ

1　投資を行うディーラーなどに課せられる損切りルール。当初決めた損失上限に達した場合、反対売買を行って建玉を手仕舞い、損益を確定させるといったルールを設けて、過大な損失が発生しないようにコントロールするのが目的。

であるが、以下の3本柱が新規に策定された。

① リスク計測の精緻化

銀行のリスク量を計測するための方法（モデル）の精緻化と、リスク分類（市場リスク、信用リスク、流動性リスク、オペレーション・リスク）の明確化が行われた。

② 銀行自身による経営上必要な自己資本額の算出と、当局によるその妥当性の検証

③ 情報開示による市場規律の実効性向上

達成すべき最低水準（8％以上）はバーゼルⅠと同じであるが、自己資本比率を算出する際の分母となるリスクの測定方法の精緻化が行われ、わが国では、2006年度末から（先進的なリスクの計測手法を採用する一部の銀行は2007年度末から）バーゼルⅡに移行した。

バーゼルⅢは、世界的な金融危機の再発を防ぎ、国際金融システムのリスク耐性を高めることを目的として策定されたもので、銀行が想定外の損失に直面した場合でも耐えることができる資本を維持するため、自己資本比率規制が厳格化された。また、急な資金の引出しに備えるための流動性規制、過大なリスク保有を抑制するためのレバレッジ比率規制等が導入された。金融システム全体の安定性を維持するというマクロ・プルーデンス（金融システム全体のリスクの状況を分析・評価し、それに基づいた制度設計・政策対応により、金融システム全体の安定を確保する）の観点を重視したものとなっている。バーゼルⅢは、2013年から段階的に実施されており、最終的には2028年の完全実施を予定している。

なお、バーゼル合意のことを「BIS規制」と呼ぶことがあるが、これはバーゼル銀行監督委員会の常設事務局が国際決済銀行（BIS：Bank for International Settlements）にあることに起因している。

次にバーゼルⅢの主要な要素を紹介する。

(1)　Tier1自己資本

　バーゼルⅢでは、自己資本をTier1とTier2に分類している。Tier1とは、普通株式や優先株式等などの損失吸収力（運用資産の損失が発生した場合にカバーする機能）の高い資本である。Tier1のなかで最も損失吸収力の高い資本には普通株式や内部留保等があり、それらは「普通株式等Tier1」として分類されている。この「普通株式等Tier1」は、リスク・アセットの4.5%以上が最低水準（普通株式等Tier1比率）となり、さらに資本の安全性を高めるための資本保全バッファー2.5%が上乗せされる。資本保全バッファーとは、資本の社外流出を防止し、内部留保の蓄積を促すための施策であり、ストレス時に取崩し可能なバッファー（クッション）を確保する役割をもっている。ただし、2.5%という資本保全バッファー水準を割り込んだ場合でも、直ちに業務改善計画の提出等の早期是正措置が課されたりするものではない。銀行の自己資本の損失吸収力を高めるため、ゴーイング・コンサーン・ベース（事業継続ベース）の自己資本をTier1としている。

(2)　Tier1比率

　バーゼルⅢで、新たな自己資本比率規制として導入されたTier1比率（普通株式等Tier1比率、CET1比率）は、普通株式等Tier1をリスク・アセットで除した比率である。海外営業拠点を有する預金取扱金融機関を対象とし、現在は4.5%以上となっている。

$$普通株式等Tier1比率 = \frac{普通株式等Tier1}{リスク・アセット}$$

(3)　Tier2自己資本

　Tier2には、株主資本、新株予約権、負債や、一定の少数株主持分、一般貸倒引当金などが含まれる。劣後債務以外の負債に劣後し、償還期限が定められている場合は償還期限が5年以上であり（償還の際には金融庁の確認が

必要）、剰余金の配当額・利息の支払額が発行者の信用状態を基礎として算定されるものでない資本調達手段である。さらに、銀行が実質的な破綻状態に至った場合には元本の削減または普通株式への転換がなされるという特約が付されていることが求められる。Tier2は、ゴーン・コンサーン・ベース（破綻時を想定したベース）の自己資本と位置づけている。

　図1.2は、バーゼルⅢで厳格化された大手金融機関向け自己資本規制の時系列推移である。同じ自己資本でも、より資本性が高い「普通株式等Tier1」の比率を高めるとともに、超大手の銀行には追加の資本（資本保全バッファー）が求められるようになった。バッファー水準を下回った場合、その割合に応じて、配当、賞与、自社株買い等による資本の社外流出に制限が課される。

(4)　流動性規制

　バーゼルⅢでは、新たなリスク指標として、2つの定量的な流動性規制を導入している。

① 流動性カバレッジ比率（LCR：Liquidity Coverage Ratio）

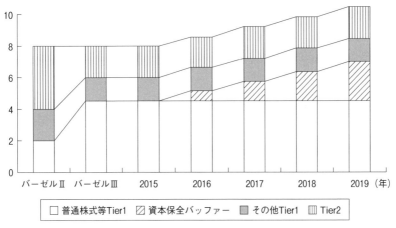

図1.2　大手金融機関向け自己資本規制の時系列推移

銀行の短期の安定的資金確保に関する規制であり、金融危機などで30日間継続するようなストレス状況下においても流出する資金額以上に流動資産を調達し、銀行が業務を継続できることを目的として導入された基準である。

$$流動性カバレッジ比率（LCR）＝\frac{高品質の流動資産}{30日間の純資金流出額}≥100\%$$

　流動性カバレッジ比率（LCR）が100％以上となるよう、流動資産の保有割合の引上げが求められる。

② 安定調達比率（NSFR：Net Stable Funding Ratio）

　安定調達比率を導入する目的は、中長期的な観点から銀行の流動性リスク対応力を高めることにある。バーゼルⅢでは、銀行の維持すべきNSFRを100％以上としている。

$$安定調達比率＝\frac{利用可能な安定調達額（資本＋預金・市場性調達）}{所要安定調達額（資産）}$$

$$≥100\%$$

　これは、資産の保有期間として1年間を想定して、より安定的な調達源を常に確保し、持続可能な資産・負債の構造を維持することを求めているということを意味している。

(5) レバレッジ比率

　リーマン・ショック時の金融危機では、バーゼルⅡの8％の最低水準を大きく上回る自己資本比率を維持していた銀行であっても、破綻の危機に直面した。その原因とされるのが、借入れや債券の発行などによる過大なレバレッジの積上げである。そこで、バーゼルⅢでは、レバレッジ比率を新たなリスク指標として導入した。これは、リスクウエイトによる調整を行わない非リスクベースの指標であり、リスクベースの指標である自己資本比率を補完するものとなっている。その目的は、銀行のレバレッジの積上がりを抑制

することにある。

　レバレッジ比率は以下の式で計算される。

　すべての銀行に対する最低水準レバレッジ比率

$$= \frac{\text{Tier1資本}}{\text{エクスポージャー額（オンバランス項目＋オフバランス項目）}} \geq 3\%$$

(6) プロシクリカリティ

　シクリカリティとは景気連動性のことであり、プロシクリカリティとは景気循環増幅効果を意味する。景気後退期には、資本増強は基本的にむずかしいことから、銀行はリスク・アセットの削減を強いられ、その結果、信用収縮（貸渋り）⇒景気後退⇒デフォルト確率の上昇という悪い景気循環増幅効果が発生するという考え方である（図１.３）。

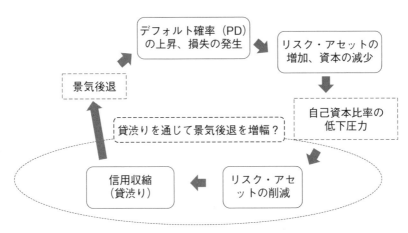

図１.３　プロシクリカリティによる、悪い景気循環増幅効果

出典：2020年８月６日バーゼル銀行監督委員会による市中協議文書「オペレーショナル・レジリエンスのための諸原則」および「健全なオペレーショナル・リスク管理のための諸原則の改訂」

⑺　コア資本

　損失吸収力の高い、普通株式および内部留保を中心とする資本に、強制転換型優先株式や協同組織金融機関発行の優先出資および一般貸倒引当金（信用リスク・アセットの1.25％が算入上限）等を加えたものがコア資本である。なお、無形資産や繰延税金資産、他の金融機関の資本保有等はコア資本から控除される。

1.4　VaRの問題点

　VaRで用いる確率モデルによるリスク尺度は、確率分布関数に実数を対応づけたものである。しかし、リスク尺度というからには、リスクの大きな資産に対しては、VaRの値が大きく評価されるなど、いくつか満たしてほしい性質がある。ここで、リスク尺度として満たしてほしいと思われる性質についていくつか列挙しておく。

　　性質1：明らかなリスクの大小関係

　　　　　　「確率1で、資産Aの損失≧資産Bの損失」ならば、

　　　　　　「資産Aのリスク量≧資産Bのリスク量」

　　性質2：同一資産の定数倍

　　　　　　K単位の資産Aに対するリスク量＝K×資産Aのリスク量

　　性質3：分散効果

　　　　　　資産Aのリスク量＋資産Bのリスク量≧（資産A＋資産B）のリスク量

　では、VaRはこれらの性質を満たしているであろうか。結論から言うと、性質1、性質2の性質は満たすが、性質3の性質は一般には満たさない。ただし、たとえば資産の変動額に正規分布を仮定した場合は性質3も満たしている。

　実務では、資産の変動額に正規分布を仮定することが多い。この仮定のも

とではVaRも上記のリスク尺度の性質を満たしているものの、現実として資産の変動額の分布は正規分布とはならないことが多い。

1.5 ま と め

　この章では、リスク・マネジメントの意義、バーゼル合意などのリスク規制の内容、リスクを計量化するためのVaRの考え方の概要などについて概説した。VaRは、リスクを評価するための1つの方法であり、実務でも多くの場で利用されている。その理由は、金額という実感で捉えやすい指標によってリスク量を計測できることにある。

　以降の章では、リスクを計量化するためのモデルや計算方法などについて検討していく。

第 **2** 章

VaRと
マーケット・リスクの
計量化

2.0　はじめに

　VaR（Value at Risk）とは、現在の保有資産に対して一定期間に起こりう
る市場変動を瞬間的に与えた場合に、ある確率で発生する最大損失を表すリ
スク指標である。VaRは、異なる商品・市場に対する横断的なリスク管理指
標であり、経営者層にとって「どの程度事態が悪化するのか」が理解しやす
い点から、幅広く用いられている概念である。

　VaRを算出するためには、なんらかの方法で保有資産価値の変化幅の確率
分布を求めて、資産価値の変動を決定する原変数（リスク・ファクター）を
特定し、これらの原変数の将来価値の分布を統計的な手法を用いて推定す
る。信頼性が高く有効なVaRを推定するには、原変数の選定とその確率的挙
動のメカニズムに応じたモデル構築、原変数のリスク特性に合った統計的な
手法を用いる必要がある。

2.1　リスク・ファクター

　保有資産の将来価値の変化を説明する（決定づける）変数を**リスク・ファ
クター**と呼ぶ。たとえば、保有資産が特定の株式であれば、株の市場価格
（株価）がリスク・ファクターである。リスク・ファクターは1つとは限ら
ず、保有資産が株式ポートフォリオであれば、ポートフォリオを構成する株
式すべての株価がリスク・ファクターとなりうる。このように、保有資産が
直接市場で取引されている金融商品で、満期のない商品（またはこれらの商
品で構成されたポートフォリオ）である場合は、これらの市場価格をリス
ク・ファクターとしてよい。一般に、マーケット・リスク管理のアプローチ
では、リスク・ファクターの将来価値の分布を市場価格の過去データを用い
て推定する。

　ここで、保有資産が債券（たとえば国債）である場合について検討する。

債券そのものは市場で取引され、日々の市場価格は観測可能である。しかし、債券価格に関する市場価格データは債券発行時点から今日分までしかなく、極端に言えば発行時点では過去データは存在しない。また、債券満期に近づけば債券価格は額面に近づく傾向にあるため、価格の分布は満期までの残存期間に依存する。これらの理由から、保有資産が債券である場合には、債券価格の将来価値の分布を過去データから推定して、そのリスクを評価するのは得策ではない。そこで考え方を変え、債券価格は金利（イールドカーブ）をリスク・ファクターとするモデルで評価できることに着目する。金利をリスク・ファクターとすれば、必要な年限の金利に関する過去データを多く収集することが可能であり、また1年金利、2年金利のように金利の期間を固定して金利の変化をみるのであれば、金利の変化の分布は時点によらず安定的であると仮定することにそう無理はない。また、オプションのように複雑な構造をもった商品も、その商品価格を直接リスク・ファクターとみなすよりは、アンダーライングの価格、ボラティリティ、無リスク金利などをリスク・ファクターとするほうがはるかに合理的である。

このように、リスク・ファクターには、株価のように市場で直接観測されるものだけでなく、オプションの価格計算に用いられる（インプライド）ボラティリティや、商品の現在価値を算出するために用いるゼロ・レートなどのように、モデルから間接的に計算されて用いられるものがある。すなわち、リスク・ファクターの値は、実際の価値であったり指標であったりするのである。

2.2 リスク・ファクターの特性分析

リスク・ファクターの特性を分析するには、まず与えられているデータの特徴を把握することが基本となる。それは、データがどのような集合体であり、どのようなばらつきをもっているのかなどについて確認することであ

る。ばらつきを表現するものが**分布**であり、分布の範囲を設定すれば、その範囲に該当するデータの割合を表現することができる。確率分布とは、収益率や損失額などの確率変数の実現値と、それが起こる確率の関係を表したものである。

「分布」を読み取る際のポイントとしては、

① 分布の中心

② 分布の広がり

③ 分布のゆがみ

といった点があげられるが、このようなばらつきの状態を読み取る方法として、グラフ等を用いて視覚的に把握する方法と、統計数値から把握する方法とがある。

2.3 度数分布

度数分布表は、与えられたデータに対し、いくつかの範囲で区間分けした**階級（クラス）**を設定した場合、それぞれの階級にデータがいくつ属するのかを表したものである。階級（クラス）は量的変数、質的変数いずれも対象となるが、株価対数収益率のような連続データの場合には、データの範囲を等間隔に分割して階級をつくり、その階級に応じた度数分布表を作成する。

表2.1は、ある銘柄の株価対数収益率を例にした度数分布表である。度数分布表の項目にある**度数**は各階級（収益率区分）に属したデータの数、**累積度数**は最下位の階級から各階級までの度数を累積（加算）したもの、**相対度数**は各度数の全体に対する割合、**累積相対度数**は累積度数の全体に対する割合を表している。相対度数は、データがそれぞれの階級（収益率区分）に収まる確率であり、2.8節の確率密度関数を離散化したものである。また、累積相対度数は離散化した確率分布関数を意味している。

度数分布表を視覚的に棒グラフで表示したものを**ヒストグラム**という（作

成手順については2.5節に示す）。

　図2.1は表2.1の度数分布表をヒストグラムとして表したものであり、視覚的に分布の特性を確認することができる。図2.1に示した株価対数収益率のヒストグラムから、階級毎の発生割合（確率）、損失割合、などといった対数収益率の特性を視覚的に読み取ることができる。また、累積相対度数は、ある階級値以下の値をとる割合、つまり確率分布を示している。

　また、度数が大きい順に並べ、度数と累積相対度数の2つの数値をグラフにしたものを**パレート図**という。この図からは、発生頻度（割合）が大きい階級が、全体に対してどれくらいの影響をもっているのかが読み取れる。ただし、株価対数収益率のヒストグラムでは、階級値となる収益率区分の順位性がなくなってしまうので注意が必要である（図2.2）。パレート図が有効

表2.1　度数分布表（株価対数収益率）

収益率区分	度数	累積度数	相対度数	累積相対度数
−0.100	0	0	0.00%	0.00%
−0.075	4	4	0.72%	0.72%
−0.050	4	8	0.72%	1.43%
−0.025	47	55	8.42%	9.86%
0.000	241	296	43.19%	53.05%
0.025	194	490	34.77%	87.81%
0.050	52	542	9.32%	97.13%
0.075	13	555	2.33%	99.46%
0.100	1	556	0.18%	99.64%
0.125	1	557	0.18%	99.82%
0.150	1	558	0.18%	100.00%
次の級	0	558	0.00%	100.00%
	558		100.00%	

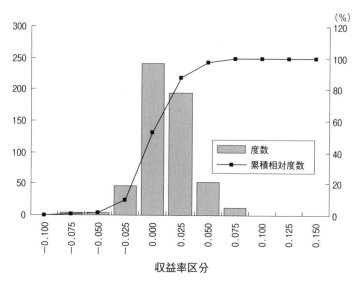

図2.1　株価対数収益率のヒストグラム

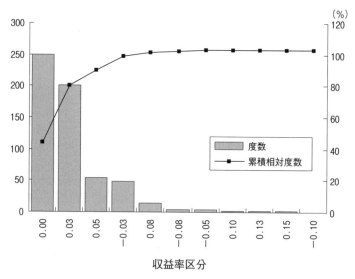

図2.2　株価対数収益率のパレート図

に使われる局面の例として、よく商品の販売分析で用いられるABC分析があげられる。たとえば、取扱い商品が100品目あった場合、商品別利益が高い順にデータを並び替え、累積相対度数が30％以下の範囲の商品グループをA、累積相対度数が30％を超え、60％以下の範囲の商品グループをB、累積相対度数が60％を超える商品グループをCと分類する。利益という尺度で商品を評価した場合、商品グループAを最も重要な商品群として捉え戦略を立てることにつなげる。

　これらの度数分布表やヒストグラムから、データの特徴的な傾向、データのばらつき方、さらに、データのなかで多数と異なる動きをする少数の動きはどのような要因なのかを、読み取っていくことが大切である。

2.4　基本統計量

　データの中心やばらつきについて、代表的な統計数値を表したものが基本統計量である。基本統計量は量的変数のデータが対象となる。

　Excelでは、分析ツールから13種類の基本統計量を出力することができ、また関数を用いてそれらの値を算出することも可能である。なお、分析ツールは、Excelの通常インストールでは表示されない。その場合、「ファイル」⇒「オプション」⇒「アドイン」⇒画面の最下部にある「管理(A)：」メニューの「設定」を押す。実務では、「ソルバーアドイン」「分析ツール」「分析ツール-VBA」は標準的に使うので、これらをチェックして「OK」を押す（図2.3）。

　Excelの通常画面のリボンから「データ」を選択すると、右側に「分析」が表示され、「ソルバー」「データ分析」の選択画面が表示される。

| 例2.1 | ....

　ここで、表2.2のようなa～eの5銘柄の日次株価データを取り出し、

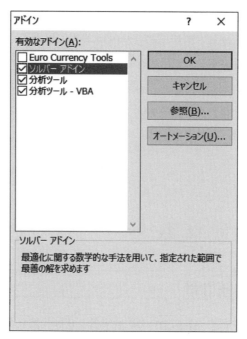

図2.3 アドイン登録画面

各銘柄の株価の基本統計量を確認する。

[解] Excelで「ツール(T)」⇒「分析ツール(D)」を指定すると、データ分析画面が表れるので、「基本統計量」を指定し、OKボタンを押す。「基本統計量」の画面が表示されるので、「入力範囲(I)」に株価データが記述されている範囲を指定し、さらに分析結果の出力先を指定する。たとえば、I2と指定すると、同一シートのセルI2が基準の位置となる（図2.4）。また、「新規又は次のワークシート」を指定すると、別のシート上に出力される。

そして、表2.3はExcelで出力された、各銘柄の日次株価の基本統計量である。

ここで、基本統計量の各項目について簡単に解説する。なお、ここでは各銘柄の日次株価データ数（標本数）を n として表示する。

表2.2　日次株価データ

時点	a	b	c	d	e
1	244	334	256	173	1,596
2	241	328	253	174	1,599
3	244	329	266	174	1,633
4	243	325	297	172	1,663
5	251	327	314	170	1,630
6	243	331	296	165	1,655
7	254	330	298	171	1,728
8	254	334	300	172	1,680
9	254	330	294	173	1,660
10	256	334	285	174	1,683

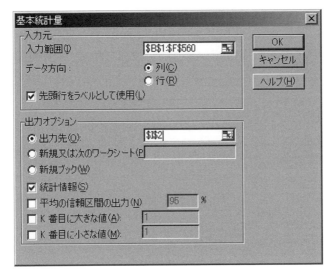

図2.4　基本統計量のメニュー画面

表2.3　日次株価の基本統計量

	a		b		c		d		e
平均	356.3309	平均	451.6261	平均	381.7996	平均	236.907	平均	2039.603
標準誤差	2.295938	標準誤差	2.710834	標準誤差	3.759224	標準誤差	1.146715	標準誤差	12.93802
中央値(メジアン)	373	中央値(メジアン)	472	中央値(メジアン)	381	中央値(メジアン)	244	中央値(メジアン)	2155
最頻値(モード)	374	最頻値(モード)	494	最頻値(モード)	400	最頻値(モード)	250	最頻値(モード)	2170
標準偏差	54.28327	標準偏差	64.09274	標準偏差	88.88	標準偏差	27.11198	標準偏差	305.8959
分散	2946.673	分散	4107.88	分散	7899.655	分散	735.0594	分散	93572.31
尖度	0.154124	尖度	-0.50741	尖度	-1.23997	尖度	-0.18115	尖度	-0.42627
歪度	-1.06507	歪度	-0.77231	歪度	0.224046	歪度	-0.77102	歪度	-0.9312
範囲	253	範囲	245	範囲	318	範囲	118	範囲	1109
最小	215	最小	305	最小	243	最小	165	最小	1376
最大	468	最大	550	最大	561	最大	283	最大	2485
合計	199189	合計	252459	合計	213426	合計	132431	合計	1140138
データの個数	559	データの個数	559	データの個数	559	データの個数	559	データの個数	559

(1)　平　　均

データの算術平均であり、ばらつきの中心傾向を示す。データのなかに他のデータと大きく離れた**異常値（外れ値）**がある場合は、その異常値の影響を受けるため、中心傾向を示す指標としては適切でなくなる可能性があることに注意が必要である。n 個のデータ $x_1, x_2, \cdots, x_n$ の平均値を平均 $\bar{x}$ といい、

$$\bar{x} = \frac{1}{n}\sum_{i=1}^{n} x_i \qquad (2.1)$$

となる。

〈Excel関数〉AVERAGE関数

(2)　標準誤差

標準偏差の精度を表し、標準偏差 σ を $\sqrt{n}$ で除したものである。**標準誤差** s_e は、

$$s_e = \sqrt{\frac{v}{n}} = \frac{\sigma}{\sqrt{n}} \qquad (2.2)$$

で計算される（v は分散）。

(3) 中央値（メジアン）

データの数値を大きい（小さい）順に並べたときに、中心に位置する数値であり、ばらつきの中心傾向を示す。データの数が偶数の場合は、中心の2つの平均値をとる。データのなかに、他のデータと大きく離れた異常値（外れ値）がある場合でも、中心に位置する数値を用いるため、異常値の影響を受けにくい。

〈Excel関数〉MEDIAN関数

(4) 最頻値（モード）

データのなかで最も頻繁に存在する値を示し、ばらつきの中心傾向を示す。最頻値が2つある場合には先にデータに表れているほうが表示される。また**最頻値**がない場合は「#N/A」が表示される。

〈Excel関数〉MODE関数

(5) 標準偏差

データが平均値からどれくらい離れているかを表し、分散 v の平方根をとったもので、ばらつきの大きさを示す（分散平方根）。不偏分散の平方根をとったものを、**母標準偏差**という。**標準偏差** σ は、

$$\sigma = \sqrt{v} = \sqrt{\frac{1}{n}\sum_{i=1}^{n}(x_i - \bar{x})^2} \qquad (2.3)$$

で、母標準偏差 $\hat{\sigma}$ は、

$$\hat{\sigma} = \sqrt{\hat{v}} = \sqrt{\frac{1}{n-1}\sum_{i=1}^{n}(x_i - \bar{x})^2} \qquad (2.4)$$

で計算される。分析ツールの基本統計量の出力結果からは、母標準偏差 $\hat{\sigma}$ が求められる。

〈Excel関数〉STDEVP関数（標準偏差）
　　　　　　　STDEV関数（母標準偏差）

⑹ 変動係数

　標準偏差は平均値の大きさに左右されるため、標準偏差の大きさをみただけでは変化幅が大きいのか小さいのかよくわからない。そこで平均値からみての変化率である変動係数（C.V.）を計算し、実質的なデータのばらつきの大きさをみることを考える（Excelの基本統計量には表示されていない）。

　変動係数は、以下の計算式のように標準偏差を平均値で除して求め、変動係数が大きいほどばらつきが大きいと考える。

$$変動係数（C.V.）= \frac{標準偏差}{平均値} = \frac{\sigma}{\bar{x}} \tag{2.5}$$

⑺ 分　　散

　偏差平方和（各データの値と平均値との差を二乗した合計）をデータ数 n で除した値であり、ばらつきの大きさを示す。データ数を n ではなく、$n-1$ で除した値を**不偏分散**という。データ数 n が十分に大きいときには両者の差はほとんどない。分散 v は、

$$v = \frac{1}{n}\sum_{i=1}^{n}(x_i - \bar{x})^2 \tag{2.6}$$

不偏分散 $\hat{v}$ は、

$$\hat{v} = \frac{1}{n-1}\sum_{i=1}^{n}(x_i - \bar{x})^2 \tag{2.7}$$

で計算される。

　〈Excel関数〉VARP関数（分散）

　　　　　　　VAR関数（不偏分散）

⑻ 尖　　度

　分布のとがり具合を示す統計値である。正規分布を基準とした場合に、正規分布より尖っているか、同じ形状か、正規分布より偏平かを比較すること

ができる。**尖度** k_4 は、

$$k_4 = \frac{\dfrac{1}{n-1}\sum_{i=1}^{n}(x_i-\bar{x})^4}{\sigma^4} \qquad (2.8)$$

となる。k_4 の値から、

$k_4 > 3$ の場合、正規分布より尖っている

$k_4 < 3$ の場合、正規分布より扁平となっている

ということができる。正規分布の場合は $k_4=3$ となるため、裾野が広がった場合は、平均値から離れたデータがあるということがわかる（図2.5）。

Excelでは正規分布の場合が $k_4=0$ となるように、尖度 k_4 は以下の式で計算されている。

$$k_4 = \frac{n(n+1)}{(n-1)(n-2)(n-3)}\sum_{i=1}^{n}\left(\frac{x_i-\bar{x}}{\sigma}\right)^4 - 3\frac{(n-1)^2}{(n-2)(n-3)} \qquad (2.9)$$

〈Excel関数〉KURT関数

(9) 歪　　度

分布のゆがみ具合を示し、右にゆがんでいるか、左右対称にあるか、左にゆがんでいるかを表す。**歪度** k_3 は、

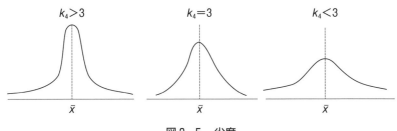

図2.5　尖度

$$k_3 = \frac{\frac{1}{n-1}\sum_{i=1}^{n}(x_i - \bar{x})^3}{\sigma^3} \qquad (2.10)$$

で計算される。k_3 の値から、

　　$k_3 > 0$ の場合、分布が右に尾をひいている

　　$k_3 < 0$ の場合、分布が左に尾をひいている

ということができる。左右対称の場合は $k_3 = 0$ となる。たとえば $k_3 < 0$ で、分布が左に尾をひいている（左にファット・テール）といった場合は、$k_3 = 0$ の分布と比較し、平均値よりかなり小さな値が出る可能性が高い分布であることがわかる。リスク評価のうえでは、損失の出る方向のみをリスクとして考える。そのため片側サイドのばらつきがどうなっているかが、重要になってくる。左に尾をひいている（左にファット・テール）といった場合にはリスクを高く評価するような検討が必要である（図2.6）。

Excelで歪度 k_3 は以下のように計算される。

$$k_3 = \frac{n}{(n-1)(n-2)}\sum_{i=1}^{n}\left(\frac{x_i - \bar{x}}{\sigma}\right)^3 \qquad (2.11)$$

〈Excel関数〉SKEW関数

⑽　範　　囲

ばらつきの大きさを、最大値と最小値の差として表したもので、**レンジ**と

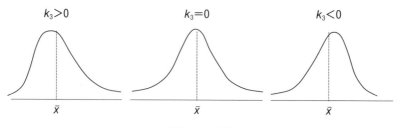

図2.6　歪度

もいう。

⑪ 最　小

データの最小値。

〈Excel関数〉MIN関数

⑫ 最　大

データの最大値。

〈Excel関数〉MAX関数

⑬ 合　計

データの合計値。

〈Excel関数〉SUM関数

⑭ 標　本　数

データの個数（ケースの数）。

〈Excel関数〉COUNT関数

以上のうち、⑴平均、⑶中心値（メジアン）、⑷最頻値（モード）が「分布の中心はどうなっているか」の指標、⑸標準偏差、⑺分散、⑽範囲が「分布のばらつきがどうなっているか」の指標、⑻尖度、⑼歪度は分布の形に関する指標となっている。このように基本統計量をみれば、基本的なデータの特性を確認できる。

表2.3の日次株価の基本統計量から、銘柄 a の平均は356.33、中央値は373である。平均は、データ数が少ない場合に外れ値の影響を受けやすく、外れ値が存在するデータの場合には中央値のほうが分布の特性を表現しやすい場合もある。しかし、ここでは両者が近い値となっている。尖度は0.1541とやや尖っていて、平均値の周りに分布が集中しているといえる。一方、歪

度は−1.0650と若干ながら裾が左に伸びている。

　銘柄 b の平均は451.62、中央値は472でほぼ近い値となっている。尖度は
−0.5074とやや扁平で、歪度は−0.7723と若干ながら裾が左に伸びている
が、銘柄 a ほど裾の広がりは大きくない。

　2銘柄の標準偏差は a：54.28、b：64.09と銘柄 b のほうが大きいが、こ
れだけでは変化幅が大きいかどうかがわからないので、変動係数を計算する
と、

$$変動係数 a：\frac{54.28}{356.33} = 0.1523$$

$$変動係数 b：\frac{64.09}{451.62} = 0.1419$$

となり、平均値で調整した標準偏差は銘柄 a のほうが大きいといえる。

2.5　ヒストグラムから分布を読み取る

　次に、分布の形を視覚的に確認するため、例2.1の5銘柄の**ヒストグラ
ム（度数分布）**を作成する。ヒストグラムとは度数分布表を視覚的に棒グラ
フで表示したものである。ただし、ヒストグラムは、階級の幅（データ区
間）と高さで表現されるので、階級の幅の取り方によって形状が異なった印
象になる場合があるので、注意が必要である。

　ヒストグラムを読み取るポイントとしては、

①　ヒストグラムの山が単峰型か双峰型（あるいは多峰型）か
②　ヒストグラムの山が左右対称か非対称か

がある。

　同質の集団のなかでの平均的な傾向は、1つのヒストグラムの山（単峰）
になって表れるが、ヒストグラムの山が双峰となって表れている場合は、異
質な集団が含まれることが想定される。

集団の平均的な傾向がどこにあるか、ばらつきはどのような状態か、異質なデータや多数の傾向から異なるデータの存在があるかを視覚的に読み取るのが、ヒストグラムを作成する目的である。ここで、異質なデータや多数の傾向から異なるデータの存在を考慮し、場合によってはデータを分類するということについて検討する。

例2.2 ┈┈

　例2.1のa～eの5銘柄の日次株価データについてヒストグラムを作成し、分布の特性を確認する。

解　Excelで「ツール(T)」⇒「分析ツール(D)」を指定すると、データ分析画面が表示されるので、「ヒストグラム」を指定し、OKボタンを押す。「ヒストグラム」の画面が表示されるので、「入力範囲(I)」に各々の銘柄の株価データを指定、「データ区間(B)」は、基本統計量の最小値、最大値など出力結果を参考に、予め作成したデータ区間範囲を指定（データ区間を省略した場合は、データの最小値と最大値の間を均等に区切ったデータ区間が自動的に作成される）し、さらに分析結果の出力先を指定する（図2.7）。

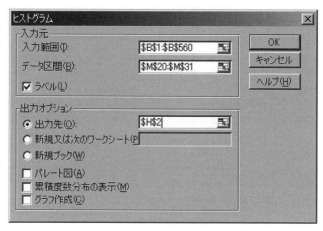

図2.7　ヒストグラムのメニュー画面

表2.4　日次株価の度数分布表

銘柄 a		銘柄 b		銘柄 c		銘柄 d	
データ区分	頻度	データ区分	頻度	データ区分	頻度	データ区分	頻度
100	0	100	0	100	0	100	0
150	0	150	0	150	0	150	0
200	0	200	0	200	0	200	65
250	54	250	0	250	7	250	297
300	50	300	0	300	139	300	197
350	55	350	79	350	93	350	0
400	306	400	42	400	95	400	0
450	91	450	99	450	75	450	0
500	3	500	211	500	67	500	0
550	0	550	128	550	79	550	0
600	0	600	0	600	4	600	0
次の級	0	次の級	0	次の級	0	次の級	0

　表2.3で示した基本統計量を確認すると、銘柄a〜dの4銘柄は、0円から600円の範囲に収まっているので、ここではまず4銘柄について同じスケールで比較することにし、同範囲で階級分けしたデータ区分で作成した度数分布表が表2.4である。この度数分布をもとに棒グラフを作成したものが、図2.8のヒストグラムである。

　出力された度数分布表やヒストグラムから、銘柄毎の中心傾向とばらつきをみる。図2.8で出力したヒストグラムに、中心から大きく離れた少数のデータ（外れ値）がみられた場合には、データを読み取る際に重大な影響が出る可能性もあるため、その外れ値が出た原因について検討したうえでデータの読み取りを行う必要がある。

　各銘柄の株価データ数は$n=559$であり、銘柄a〜dは同じ階級分けで作成したヒストグラムをみている。銘柄cは他の3銘柄に比べて幅広くフラットに分布しており、この銘柄のなかでは株価の変動する幅が相対的に大きいといえる。

　しかしながら、度数分布やヒストグラムの階級分けには恣意性があるため、階級の区分けの幅によってヒストグラムは異なった印象になってくるの

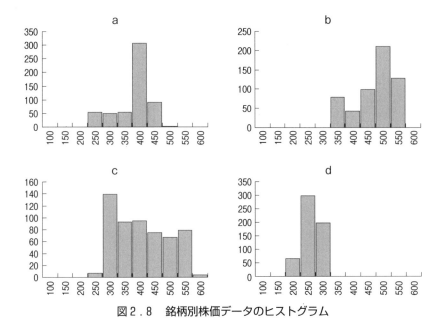

図2.8　銘柄別株価データのヒストグラム

で注意が必要である。ここでは、基本統計量からの統計数値をあわせて確認しデータを読み取っていく。

　図2.9は銘柄eの度数分布表とヒストグラムを示したものである。この銘柄については1,300円超2,500円以下の範囲に分布している。表2.3より各々5銘柄の標準偏差はa：54.28、b：64.09、c：88.88、d：27.11、e：305.89と銘柄eが大きく、次いで銘柄cとなるが、各銘柄の株価の水準が異なるため、これだけでは変化幅が大きいかわからない。

　変動係数を計算すると、各々a：0.1523、b：0.1419、c：0.2328、d：0.1144、e：0.1450となり、平均値で調整した標準偏差は銘柄cが大きいといえる。

　このように株価の変動幅は、収益予想を検討する際の重要な値ともなり、またリスクを計測するうえでも重要な値となる。度数分布、ヒストグラムから分布の形状を視覚的に確認し、特性を把握するとともに、基本統計量から

銘柄 e

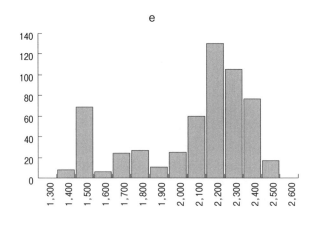

データ区分	頻度
1,300	0
1,400	8
1,500	69
1,600	6
1,700	24
1,800	27
1,900	11
2,000	25
2,100	60
2,200	130
2,300	105
2,400	77
2,500	17
2,600	0
次の級	0

図2.9　銘柄 e 株価データの度数分布表およびヒストグラム

得られる情報とあわせ、総合的に読み取ることが必要である。

2.6　収 益 率

　あるリスク・ファクターの値 $x(t)$ $(t = -T, -T+1, \cdots, -1, 0, 1, 2\cdots)$ は時系列に与えられるものとし、現時点の値を $x(0)$ で表す。したがって、$t < 0$ であるときの $x(t)$ は過去の値を意味する。$x(t-1)$ と $x(t)$ の時間間隔を Δt と書く。Δt は、通常、1 営業日、1 週間または 2 週間といった時間間隔を意味している。ここで、時点 $t-1$ から t までの期間 Δt におけるリスク・ファクター x の増分を $\Delta x(t)$ とすると、

$$\Delta x(t) = x(t) - x(t-1)$$

　リスク・ファクターの**収益率**を、

$$\hat{r}(t) = \frac{\Delta x(t)}{x(t-1)} = \frac{x(t) - x(t-1)}{x(t-1)} = \frac{x(t)}{x(t-1)} - 1 \qquad (2.12)$$

もしくは、

$$r(t) = \log_e\left(\frac{x(t)}{x(t-1)}\right) \qquad (2.13)$$

で表す。（2.12）式で計算されるリスク・ファクターの収益率 $\hat{r}(t)$ を**単利収益率**、（2.13）式で計算される収益率 $r(t)$ を**対数収益率**と呼ぶ（$\log_e$ は自然対数を意味する）。（2.12）式より、

$$\hat{r}(t) + 1 = \frac{x(t)}{x(t-1)}$$

であり、（2.13）式の両辺を指数関数で表すと、

$$\exp(r(t)) = \exp\left(\log_e\left(\frac{x(t)}{x(t-1)}\right)\right) = \frac{x(t)}{x(t-1)}$$

$$e^{r(t)} = \frac{x(t)}{x(t-1)}$$

となるので、両者の関係は、

$$\hat{r}(t) + 1 = e^{r(t)}$$

となる。

　数学の一般的な概念として、十分小さい値 b に対して、近似的に $e^b \approx 1 + b$ となることが知られており（テイラー展開を用いる）、収益率 $r(t)$ の値が十分 0 に近い場合（特別な場合を除くと、収益率の計算期間 Δt が短い場合は収益率も総じて 0 に近いと考えられる）、単利収益率 $\hat{r}(t)$ と対数収益率 $r(t)$ は互いに近い値となる。以下では特に必要がない限り両者を厳密には区別せずに用いる。

　将来のリスク・ファクターの分布を知ることは、その時点までの収益率の分布を知ることから始まる。以下では収益率の分布の推定について議論する。なお、リスク・ファクターが金利である場合、収益率より変化率＝

$x(t)/x(t-1)$、もしくは変化幅（$=\Delta x(t)$）の分布を推定することも多い。なお、リスク・ファクターの値 $x(t)$ にマイナス値（負値）がある場合、（2.12）式から計算される単利収益率 $\hat{r}(t)$ も変化率 $x(t)/x(t-1)$ も利用できず、変化幅（$=\Delta x(t)$）を用いる必要がある。それは、以下のようなケースの場合、$x(t)/x(t-1)$ の符号の意味がわからなくなってしまうからである。

① $x(t)=5, x(t-1)=-2$ の場合

$$\frac{x(t)}{x(t-1)}=\frac{5}{-2}=-2.5$$

② $x(t)=-5, x(t-1)=2$ の場合

$$\frac{x(t)}{x(t-1)}=\frac{-5}{2}=-2.5$$

③ $x(t)=5, x(t-1)=2$ の場合

$$\frac{x(t)}{x(t-1)}=\frac{5}{2}=2.5$$

④ $x(t)=-5, x(t-1)=-2$ の場合

$$\frac{x(t)}{x(t-1)}=\frac{-5}{-2}=2.5$$

また、（2.13）式では自然対数を用いているが、$x(t)/x(t-1)$ が負値の場合、対数の計算はできない。

(1) 多期間の収益率

時点 t から時点 $t+T$ までの間に、リスク・ファクターが T 回観測されているものとする。このとき、時点 t から時点 $t+T$ までの**対数収益率** $r(t, t+T)$ を計算する。

$$r(t, t+T)=\log_e\left(\frac{x(t+T)}{x(t)}\right)$$

$$= \log_e\left(\frac{x(t+1)}{x(t)} \times \frac{x(t+2)}{x(t+1)} \times \frac{x(t+3)}{x(t+2)} \times \cdots \times \frac{x(t+T-1)}{x(t+T-2)}\right.$$

$$\left. \times \frac{x(t+T)}{x(t+T-1)}\right)$$

$$= \log_e\left(\frac{x(t+1)}{x(t)}\right) + \log_e\left(\frac{x(t+2)}{x(t+1)}\right) + \log_e\left(\frac{x(t+3)}{x(t+2)}\right) + \cdots$$

$$+ \log_e\left(\frac{x(t+T-1)}{x(t+T-2)}\right) + \log_e\left(\frac{x(t+T)}{x(t+T-1)}\right)$$

$$= r(t+1) + r(t+2) + r(t+3) + \cdots + r(t+T-1) + r(t+T)$$

$$(2.14)$$

複数期間 T の対数収益率は、時点毎の対数収益率 $r(t)$ の和として求められる。この式は、対数の和の性質 $\log_e(a \times b) = \log_e a + \log_e b$ を利用している。

(2) ポートフォリオの収益率

n 種類の証券からなるポートフォリオの収益率について検討する。時点 t におけるそれぞれの証券価格を $x_1(t), x_2(t), x_3(t), \cdots, x_n(t)$ とし、それぞれ $a_1,$ $a_2, a_3, \cdots, a_n$ 単位ずつ保有（投資）した場合のポートフォリオの価値 $P(t)$ は、

$$P(t) = a_1x_1(t) + a_2x_2(t) + \cdots + a_nx_n(t) = \sum_{i=1}^{n} a_ix_i(t) \qquad (2.15)$$

となる。このポートフォリオを保持し続けるとした場合、T 期間後のポートフォリオの価値 $P(t+T)$ は、

$$P(t+T) = a_1x_1(t+T) + a_2x_2(t+T) + \cdots + a_nx_n(t+T)$$

$$= \sum_{i=1}^{n} a_ix_i(t+T) \qquad (2.16)$$

で計算できる。

時点 t における、証券 i への投資金額 $a_ix_i(t)$ が全投資金額 $P(t)$ に占める

割合（**投資比率**）w_i は、

$$w_i = \frac{a_i x_i(t)}{P(t)} = \frac{a_i x_i(t)}{\sum_{i=1}^{n} a_i x_i(t)} \qquad (2.17)$$

で計算できる。投資比率 w_i には、

$$\sum_{i=1}^{n} w_i = 1$$

という関係が常に成立する。時点 t から時点 T の間のポートフォリオの収益率 r_p は、

$$r_p = \frac{P(t+T)}{P(t)} - 1 = \frac{\sum_{i=1}^{n} a_i x_i(t+T)}{\sum_{i=1}^{n} a_i x_i(t)} - 1$$

$$= \frac{a_1 x_1(t+T) + a_2 x_2(t+T) + \cdots + a_n x_n(t+T)}{\sum_{i=1}^{n} a_i x_i(t)} - \sum_{i=1}^{n} w_i$$

$$= \frac{a_1 x_1(t+T)}{\sum_{i=1}^{n} a_i x_i(t)} + \frac{a_2 x_2(t+T)}{\sum_{i=1}^{n} a_i x_i(t)} + \cdots + \frac{a_n x_n(t+T)}{\sum_{i=1}^{n} a_i x_i(t)} - \sum_{i=1}^{n} w_i$$

$$= \frac{a_1 x_1(t+T)}{\sum_{i=1}^{n} a_i x_i(t)} \times \frac{x_1(t)}{x_1(t)} + \frac{a_2 x_2(t+T)}{\sum_{i=1}^{n} a_i x_i(t)} \times \frac{x_2(t)}{x_2(t)} + \cdots$$

$$+ \frac{a_n x_n(t+T)}{\sum_{i=1}^{n} a_i x_i(t)} \times \frac{x_n(t)}{x_n(t)} - \sum_{i=1}^{n} w_i$$

（2.17）式を代入すると、

$$= w_1 \frac{x_1(t+T)}{x_1(t)} + w_2 \frac{x_2(t+T)}{x_2(t)} + \cdots + w_n \frac{x_n(t+T)}{x_n(t)}$$

$$- (w_1 + w_2 + \cdots + w_n)$$

$$= w_1 \left(\frac{x_1(t+T)}{x_1(t)} - 1 \right) + w_2 \left(\frac{x_2(t+T)}{x_2(t)} - 1 \right) + \cdots$$

$$+ w_n \left(\frac{x_n(t+T)}{x_n(t)} - 1 \right) \qquad (2.18)$$

となる。時点 t から時点 T の間の証券 i の収益率 r_i は、

$$r_i = \frac{x_i(t+T)}{x_i(t)} - 1 \qquad (2.19)$$

で計算されるので、（2.19）式を（2.18）式に代入すると、

$$r_p = w_1 r_1 + w_2 r_2 + \cdots + w_n r_n = \sum_{i=1}^{n} w_i r_i \qquad (2.20)$$

が得られる。（2.20）式から、ポートフォリオの収益率は、証券 i の収益率 r_i に投資比率 w_i を掛け合わせたものの合計値になっていることがわかる。

2.7 収益率の分布

　将来の資産価値の分布を把握するためには、資産価値を説明するすべてのリスク・ファクターについて、個々の収益率（成長率、変化率）のランダムメカニズムを過去の時系列データから読み取り、分布特性に応じた統計モデルを用いて、収益率の分布を推定するのが一般的である。原データを直接利用しないことが多いのは、リスク・ファクターによって大きさの水準が異なることから、スケールの水準をそろえて比較分析することを目的としている。

　ここで、i.i.d.（independent and identically distributed）について定義する。時系列データであるリスク・ファクターの収益率 $r(t)$ が i.i.d. であるとは次の2つの条件を満たすことである。

① $r(s)$ と $r(u)$ は、$s \neq u$ ならば互いに**独立**である。

② $r(t)$ $(t=1, 2, \cdots)$ は、**同一の分布**に従う。

　この条件が成り立つならば、収益率 $r(t)$ の時系列データはこの分布からの無作為標本といえる。独立とは、相互の影響はないということであり、同一の分布とは、時系列データの期間をどのように分割してもそれらの分布は同じ形状をしているということを意味している。なお、このときの分布は正規分布である必要はない。

次に、この時系列データを使って平均や分散を求める。

はじめに、推定の方法を分類して概観する。

① 収益率 $r(t)$ が i.i.d. である場合

(ⅰ) $r(t)$ が正規分布に従う場合

正規分布は、平均と分散の 2 つのパラメータ（変数）によって分布の形が決まるため、データから算出された、平均、分散によって分布の推定が可能。**分散共分散法（デルタ法**とも呼ばれる）により、複数のリスク・ファクターによって構成されるポートフォリオに対し、相関を考慮したリスク評価も容易。

(ⅱ) $r(t)$ が正規分布以外の分布に従う場合

T 分布、F 分布、ロジスティック分布などを仮定して最尤推定を行う。ポートフォリオへの適用が困難（ポートフォリオ収益率の時系列データを作成し直接分布を推定する）。

(ⅲ) $r(t)$ に特定の分布形を仮定しない場合

経験分布を用いる（**ヒストリカル法**）。

② 収益率 $r(t)$ が i.i.d. でない場合

GARCH モデルの応用、重み付き標本分散のモデルなど。

収益率 $r(t)$ が i.i.d. のとき、1 期間で観測された $x(t)$ の収益率 $r(t)$ の標準偏差を σ とおく（分散 $V[r(t)] = \sigma^2$）。T 期間の収益率 $r(t)$ の分散は、（2.14）式より、

$$V\left[\log_e\left(\frac{x(t+T)}{x(t)}\right)\right] = V[r(t+1) + r(t+2) + \cdots + r(t+T)]$$

$$= V[r(t+1)] + V[r(t+2)] + \cdots + V[r(t+T)] \quad \leftarrow 独立であれば分離可能$$

$$= \sigma^2 + \sigma^2 + \cdots + \sigma^2 \quad \leftarrow 同一の分布$$

$$= T\sigma^2 \tag{2.21}$$

となる。したがって、収益率 $r(t)$ の T 期間の標準偏差は $\sqrt{T}\sigma$ であり、期間

の平方根に比例する。このことを $\sqrt{T}$ ルールと呼んでいる。VaR計測におい て収益率に（多変数）正規分布を仮定することのメリットは、

① 平均、分散の推定だけでVaR値がわかる

② 正規分布に従う2つの確率変数の和は正規分布に従う

という点である。

　同様に、収益率がi.i.d.のとき、1期間の $x(t)$ の収益率、すなわち各 $r(t+1)$ の平均を μ とおく（$E[r(t+1)]=\mu$）。T 期間の収益率の平均は、 （2.14）式より、

$$E\left[\log_e\left(\frac{x(t+T)}{x(t)}\right)\right]=E[r(t+1)+r(t+2)+\cdots+r(t+T)]$$

$$=E[r(t+1)]+E[r(t+2)]+\cdots+E[r(t+T)] \quad \longleftarrow 独立であれば分離可能$$

$$=\mu+\mu+\cdots+\mu \qquad\qquad\qquad \longleftarrow 同一の分布$$

$$=T\mu \tag{2.22}$$

となる。

　資産価値の評価は恣意的なものであってはならないので、原則、**時価評価** （Mark to Market）をするのが望ましい。しかし、収益分布の推定という観 点では、前述のとおり、原資産価格をリスク・ファクターとし、デリバティ ブ価値を評価モデルによる理論値で評価するのが合理的である。市場で直接 観測される価格、たとえばアット・ザ・マネーのオプション価格であれば、 モデルによる理論値と市場価格が一致しなければならないことから、一般 に、市場価格から逆算して得られるインプライド・ボラティリティをパラ メータとして使う。市場と整合的である（と考えられる）評価モデルおよび パラメータを用いた理論値による評価も、広義に**Mark to Market**と呼ぶこ とがある。一方、アウト・オブ・ザ・マネーやイン・ザ・マネーのオプショ ン、エキゾチック・オプションといった特殊なデリバティブでは、市場流動 性が十分でなく価格情報を市場から直接得ることが容易ではない。この場合 は、流動性のある類似のデリバティブの市場パラメータの値を準用する等し

て求めた理論値をMark to Marketとみなす方法がとられる。

　リスク評価では、どのようなリスク・ファクターを選択するかが重要である。リスクを正確に評価するには、まずはできるだけ多くのリスク・ファクターを抽出したほうがよい。しかし、実際にはすべてのリスク・ファクターを抽出することはむずかしく、多くのリスク・ファクターを使って評価しようとすると、計算負荷が増すばかりでなく、確率モデルの特定もむずかしくなる。したがって、リスクを評価するためには、多くのリスク・ファクターから説明力の高いリスク・ファクターを選択することになる。リスク評価では、リスク・ファクターの確率モデル（分布の推定モデル）の議論が中心となる。ここで用いられるのは、主観確率でもリスク中立確率でもなく、現実の確率であるという点に注意する必要がある。ただし、後述するデルタ法やモンテカルロ法では、期待収益率をゼロとすることが多い。その理由は、期待収益率の推定がむずかしいことと、VaRの保有期間が短いので期待収益率をゼロとしても影響が小さいことがあげられる。また、リスクの評価モデルは、常に「現実の近似」でしかなく、その近似誤差がモデル・リスクとなって表れる。

演習2.1 ....

　例2.1の株価データを基に対数収益率を算出し、銘柄毎にその基本統計量を求めよ。また、ヒストグラムを作成せよ。

2.8　正規分布

　データのばらつきを表現するものが**分布**であり、先のヒストグラムは、全データのなかで、特定のデータ区間内に入る件数や割合を示していた。無限に存在するデータについて、データ区間を無限小にした場合の分布を連続分布といい、そのなかで最も基本となる確率分布が**正規分布**である。正規分布

は、分布（密度関数）の山が1つで、平均を中心に左右対称な分布となる。正規分布は、平均 μ（ミューと読む）と分散 σ^2（もしくは標準偏差 σ）の2つの値が与えられると分布が一意に決まり、自然現象、物理現象などを説明するときによく用いられる。

正規分布の密度関数 $f(x)$ は、

$$f(x) = \frac{1}{\sqrt{2\pi}\,\sigma} \exp\left\{-\frac{(x-\mu)^2}{2\sigma^2}\right\}, \quad -\infty < x < \infty \tag{2.23}$$

で、分布関数 $F(x)$ は、

$$F(x) = \int_{-\infty}^{x} \frac{1}{\sqrt{2\pi}\sigma} \exp\left\{-\frac{(u-\mu)^2}{2\sigma^2}\right\} du, \quad -\infty < x < \infty \tag{2.24}$$

で定義される。この正規分布のことを、パラメータ (μ, σ^2) をもつ正規分布といい、記号 $N(\mu, \sigma^2)$ で表す。密度関数（2.23）の定義域はすべての実数、すなわち正規分布に従う確率変数の実現値はすべての実数値になることに注意が必要である。

特に、正規分布 $N(0,1)$ を**標準正規分布**といい、標準正規分布の密度関数 $\hat{f}(x)$ を、

$$\hat{f}(x) = \frac{1}{\sqrt{2\pi}} \exp\left\{-\frac{x^2}{2}\right\}, \quad -\infty < x < \infty \tag{2.25}$$

分布関数 $\hat{F}(x)$ を、

$$\hat{F}(x) = \int_{-\infty}^{x} \frac{1}{\sqrt{2\pi}} \exp\left\{-\frac{u^2}{2}\right\} du, \quad -\infty < x < \infty \tag{2.26}$$

で表す。ただし、（2.24）式、（2.26）式の積分はこれ以上解析的に計算できない、すなわち密度関数（2.23）式、（2.25）式の不定積分は存在しないことが知られている。

標準正規分布は正規分布の議論において中心的な役割を果たす。理由は、$X \sim N(\mu, \sigma^2)$ に対して[1]、正規分布に従う X から平均 μ を引き、標準偏差 σ で割った値である確率変数 Y は標準正規分布に従うからである。

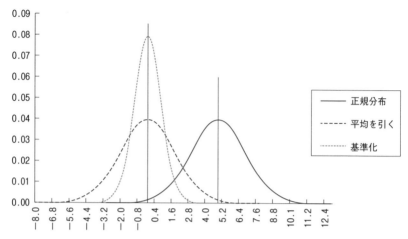

図2.10　正規分布を標準化して、標準正規分布に変換するイメージ

$$Y = \frac{X - \mu}{\sigma} \tag{2.27}$$

$$Y \sim N(0,1)$$

（2.27）式の変換を標準化（基準化）という。図2.10に正規分布を標準化して、標準正規分布に変換するイメージを示す。

逆に、標準正規分布$N(0,1)$に従う確率変数Yに対して、（2.27）式をXについて解くと、

$$X = \mu + \sigma Y \tag{2.28}$$

となり、確率変数Xは平均μと分散σ^2をもつ正規分布$X \sim N(\mu, \sigma^2)$に従う。これらの結果は、正規分布を扱う際にきわめて重要である。

（2.25）式で示した標準正規分布の密度関数$\hat{f}(x)$は、$x = 0$に関して対称（図2.10）、すなわち$\hat{f}(x) = \hat{f}(-x)$が成立するので、

$$P\{Y > x\} = P\{Y < -x\} \tag{2.29}$$

1　確率変数Xが分布Aに従うことを、$X \sim A$と書く。

が成立する。

正規分布には、以下のような特性がある。

・正規分布は、平均（μ）に関して左右対称である。

・正規分布の平均、中央値、最頻度はすべて等しくμである。

・分散・標準偏差の値が大きいほど、正規分布は扁平になる。

・正規分布の曲線（密度関数）以下のx軸との間の面積は確率を表し、正規
　分布の面積の合計は1である。

　個々のデータが、集団のなかでどのような位置にあるのかを分析するに
は、相対的な評価を行うことが必要である。たとえば、集団Aは平均
10,000、標準偏差1,000、集団Bは平均1,000、標準偏差200、の正規分布に
それぞれ従っているものとする。集団Aに属するデータaの値は平均より
500少ない9,500であり、同じく集団Bに属するデータbの値は平均より500
少ない500であるものとする。このとき、データaとデータbとでは、デー
タ集団のなかでの位置づけは大きく異なるはずである。なぜなら、集団Aと
集団Bとでは、平均や標準偏差のスケールがまったく異なるからである。こ
のような場合、異なる集団に属するデータを単純に比較しても意味がない。
異なる正規分布に属するデータを比較する場合には、スケールを合わせるこ
とで相対的な評価を行う必要がある。平均からの距離は、ばらつきの大きさ
を表し、標準偏差は、この距離を判断する基準となる。そこで、標準偏差1
単位当りの個々のデータの平均からの距離である標準化（基準化）によっ
て、個々のデータの位置づけを評価する。（2.27）式の基準化によって求め
られた値Yのことを、**Zスコア**と呼ぶこともある。

　　$Z=$（データ値－平均）／標準偏差

　　〈Excel関数〉STANDARDIZE関数

　なお、Zスコアをさらに平均50、標準偏差10に変換したものが偏差値とな
る。

　　〈Excel関数〉＝STANDARDIZE（データ値, 平均, 標準偏差）

$$\times 10 + 50$$

　平均を中心に左右対称の分布である正規分布は、平均と標準偏差の2つが
わかれば1つの形状が決まり、確率変数のある2つの値の間にある曲線以下
の面積が、確率変数が当該範囲の値をとる具体的な確率となる。言い換えれ
ば正規分布は確率分布モデルであり、ばらつき方は確率で示される。

　確率とは、不確実な要素が生起する割合を数値として表現するものであ
る。確率分布（分布関数）は、確率変数の確率的性質を表現し、ある値 x 以
下の値が生起する割合が、全体の事象の何パーセントなのかを示している。
このことは、ある値以上、または、ある値以下になる確率を求められること
を意味する。

　ここで、正規分布の平均 μ と標準偏差 σ を用いてデータのばらつきを把握
してみよう。図2.11は、ある値 x が正規分布に従うと仮定し、標準偏差 σ
によって範囲を特定した場合の生起割合、すなわち生起確率を示したもので
ある。

・$\mu \pm 1 \times \sigma$ の範囲に、データ全体の68.3％が含まれる

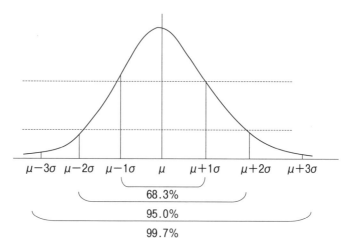

図2.11　正規分布の信頼区間

・$\mu \pm 2 \times \sigma$の範囲に、データ全体の95.0%が含まれる

・$\mu \pm 3 \times \sigma$の範囲に、データ全体の99.7%が含まれる

　この図から、平均μからみて標準偏差の3倍以上も離れているデータは、ほとんど生起しないデータということができる。このように、ばらつきを掴むことは起こりやすさを測ることでもある。

演習2.2

　与えられた株価データについてZスコアを算出し、それぞれの株価の分布特性について検討せよ。

演習2.3

　与えられた株価データについて正規分布を確認し、$\mu, \mu \pm 1\sigma, \mu \pm 2\sigma,$ $\mu \pm 3\sigma$を求めよ。また、この範囲の生起確率を確認せよ。

　正規分布の確率分布は標準正規分布の計算に帰着する。正規分布に従う確率変数$X(X \sim N(\mu, \sigma^2))$の分布関数$F(x)$は、

$$F(x) = P\{X \leq x\} \qquad (2.30)$$

である。確率変数Xに対して標準化を施せば、標準化された確率変数Yは標準正規分布に従うので（$Y \sim N(0,1)$）、標準正規分布の分布関数$\hat{F}(x)$で求めることができる。

$$F(x) = P\{X \leq x\} = P\left\{\frac{X-\mu}{\sigma} \leq \frac{x-\mu}{\sigma}\right\} = P\left\{Y \leq \frac{x-\mu}{\sigma}\right\}$$

$$= \hat{F}\left(\frac{x-\mu}{\sigma}\right) \qquad (2.31)$$

演習2.4

　$X \sim N(0.2, 0.15)$のとき、確率$P\{-0.25 < X \leq 0.35\}$をExcelのNORM.

DISTを使って計算せよ。

2.9 対数正規分布

確率変数 X は正規分布 $N(\mu, \sigma^2)$ に従っているとし、

$$Y = e^x$$

とおく。確率変数 Y は対数をとると正規分布に従うので、Y の従う確率分布を対数正規分布と呼ぶ。$Y = e^x$ より $\{Y \leq x\} = \{e^x \leq x\} = \{X \leq \log x\}$ となるので、$x > 0$ に対して、事象 $\{Y \leq x\}$ と事象 $\{X \leq \log x\}$ は等しく、

$$P\{Y \leq x\} = P\{X \leq \log x\}$$

が成立する。したがって、対数正規分布の分布関数は、

$$F(x) = \int_{-\infty}^{\log x} \frac{1}{\sqrt{2\pi}\sigma} \exp\left\{-\frac{(x-\mu)^2}{2\sigma^2}\right\} dy , \quad x > 0 \tag{2.32}$$

で与えられる。密度関数は分布関数を x に関して微分することで、

$$f(x) = \frac{1}{\sqrt{2\pi}\sigma x} \exp\left\{-\frac{(\log x - \mu)^2}{2\sigma^2}\right\} , \quad x > 0 \tag{2.33}$$

となる。

図 2.12 に対数正規分布の密度関数 $f(x)$ $(\mu = 0.5, \sigma^2 = 1)$ を描いた。図 2.11 で示した正規分布の密度関数と比較すると、$x > 0$ の範囲にあり、右に裾野が長い分布となっている。実務でのさまざまなデータは、負値とならないデータが多くある。たとえば株価や為替レートなどは負の値にはならない $(x > 0)$。こうしたデータの分布を表現するためには正規分布ではなく、対数正規分布などの $x > 0$ の範囲にある分布を適用する。

演習2.5 ···

確率変数 X はパラメータ $(5, 4)$ をもつ対数正規分布に従っているとする。対数正規分布に従うときの、確率 $P\{4 < X \leq 6\}$ および $P\{X > 5\}$ を Excel の

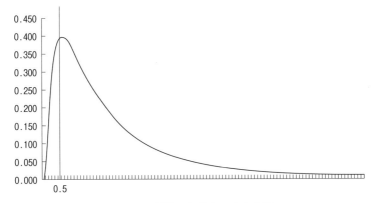

図2.12 対数正規分布の密度関数

LOGNORM.DISTを用いて計算せよ。

2.10 一様分布

　もう1つの重要な連続分布は、一様分布である。一様分布の密度関数は、

$$f(x) = \frac{1}{b-a}, \quad a < x < b$$

で与えられ、この一様分布を $U(a, b)$ で表す。密度関数は「Xがx付近の値をとる率」を表すので、この率が一定の場合には、どの値をとる事象も一様に確からしくなる。特に、$U(0, 1)$ を標準一様分布といい、その分布関数は、

$$F(x) = x, \quad 0 < x < 1 \tag{2.34}$$

で与えられる。標準一様分布の密度関数と分布関数を図2.13に描いた。

　標準一様分布から任意の分布関数に従う確率変数を定義することができる。分布関数 $F(x)$ を所与とし、説明を簡単にするために $F(x)$ は（狭義）に単調増加とする。このとき $F(x)$ の逆関数 $F^{-1}(x)$ が存在し、標準一様分布に従う確率変数Uに対して、

$$X = F^{-1}(U) \tag{2.35}$$

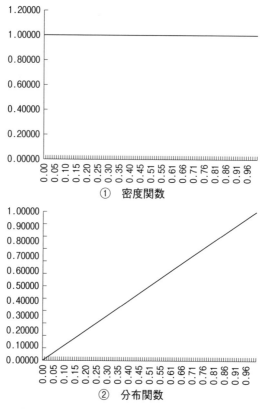

① 密度関数

② 分布関数

図2.13 標準一様分布の密度関数と分布関数

とおくと、確率変数Xは分布関数$F(x)$をもつ。なぜならば、事象$\{X \leq x\}$と事象$\{U \leq F(x)\}$は等しいので、

$$P\{X \leq x\} = P\{U \leq F(x)\} \tag{2.36}$$

であるが、標準一様分布の分布関数（2.34）より、（2.36）の右辺は$F(x)$に等しいからである。

2.11 VaR計測モデル

VaR計測モデルとして一般に知られているのは、次の3つの手法である（表2.5）。

(1) デルタ法（分散共分散法）

リスク・ファクターとポートフォリオの線形関係に着目し、リスク・ファクターの収益率に正規分布を仮定して、VaRを算出する手法である。この手法では、収益率変動の分散共分散をパラメータとして使用するため、分散・共分散法とも呼ばれる。この手法には、解析的にVaRを算出できるという実務上のメリットがあり、多くの企業で実際に利用されている。しかし、オプション等、評価関数がリスク・ファクターに対して非線形である場合、満期日に近づくと実際のリスク量は減少するはずであるが、この手法ではその状態が反映されず、リスクが過大評価される傾向がある。また、多くの証券について、収益率は正規分布より裾の厚い分布（ファット・テール）であることが知られているが、デルタ法では正規分布を仮定しているため、正確性に

表2.5 VaR計測モデルの特性

収益率の性質	ファクターのパーセント点	ファクターの線形和のパーセント点	非線型関数のパーセント点
i.i.d.正規分布	標本平均、分散から直接	分散共分散法	分散共分散法[注] モンテカルロ法
i.i.d.正規以外の特定分布	パラメータ推定	ポートフォリオ収益率の時系列データから推定	モンテカルロ法
i.i.d.分布を特定しない	ヒストリカル法	ヒストリカル法	ヒストリカル法
i.i.d.でない	モンテカルロ法など	モンテカルロ法など	モンテカルロ法

（注）非線型リスクは正確ではない。

欠ける面がある。

(2) ヒストリカル法

　リスク・ファクターの分布を仮定せず、過去に生じたリスクの変動が将来も起きるという市場の定常性を仮定し、過去の実績をそのまま用いる手法である。さまざまなヒストリカル法のうち、リスク・ファクターの過去実績による収益率変動を用いて、資産価値変動をシミュレーションすることでVaRを推定する方法をヒストリカル・シミュレーション法という。ヒストリカル法は過去実績を用いるノンパラメトリックな推定方法であり、分布を仮定しないため、非正規性の分布や非線形性のリスク特性も表現することが可能である。また、過去のストレス期の実績を用いた分析も容易に行うことができる。しかし、ヒストリカル・シミュレーション法は、コンピュータの計算負荷が高く実装するむずかしさもある。さらに、リスク・ファクターによっては過去データの数が限られる場合もある。このような場合には、十分なシミュレーション回数とするため、ヒストリカル・データのなかから重複を許して無作為に抽出したデータ・セットをつくり出し、それらの複数のデータ・セットを用いて分析を行う方法がある。これはブートストラップ法と呼ばれるものであり、ヒストリカル・シミュレーション法といえばブートストラップ法を指す場合も多い。

(3) モンテカルロ法

　リスク・ファクターの変動についてはなんらかの分布を仮定（必ずしも正規分布である必要はない）するが、実際の価格変動からコンピュータ・シミュレーションによってポートフォリオ価値変動の分布を直接的に求める手法である。このため、さまざまな価格特性をもつ商品の評価に汎用的に利用可能で、リスク・ファクターに対し非線形のものについても比較的正確にリスクを計測できる点がメリットである。一方、正確な分布を推定するために

はシミュレーション回数を何回にすべきかが問題であり、コンピュータの計算負荷が高いという難点がある。

2.12 ま と め

　この章では、VaRの基本概念と、リスク・ファクター、収益率の概念を述べた。また、実務でよく使われる $\sqrt{T}$ ルールの理論的根拠について解説した。$\sqrt{T}$ ルールは、収益率を対数収益率で計測し、i.i.d. というかなり強い仮定がおかれていることに注意する必要がある。たとえば月次の営業日数が22日である場合、日々の収益率で観測したリスク量を月次のリスク量に変換するのに $\sqrt{T}$ ルールでは単純に日々のリスク量を $\sqrt{22}$ 倍したものを用いればよい。したがって、計算が非常に容易ではあるが、日々の収益率がi.i.d.すなわち互いに独立で同一の分布に従っているという仮定は一般には成立していない。

第 3 章

デルタ法による
VaR評価

リスクとなる要因（リスク・ファクター）の、同じ期間における収益率が互いに独立で同一の分布に従う（i.i.d.）ものとし、その分布になんらかの分布形を仮定した場合のVaR計測手法について検討する。同じ期間における収益率とは、たとえばリスク・ファクター $V(t)$ を1カ月毎に観測するものとし（$t=1, 2, \cdots, T$）、その収益率 $r(t)$ を、

$$r(t) = \frac{V(t)}{V(t-1)} - 1 \tag{3.1}$$

で計測するものとする。収益率 $r(t)$ が互いに独立で同一の分布に従う（i.i.d.）とは、収益率 $r(t)$ は過去の収益率 $r(t-s)$ の影響をまったく受けず（独立）、収益率 $r(t)$ の時系列データをどのような区間に分割しても、各区間の収益率 $r(t)$ の分布は同じ形をしているという意味である。

通常、リスク・ファクター $V(t)$ は過去の影響を受け（独立ではない）、経済状態などの変化によりそれまでとは異なる局面に移行する（同じ分布とはならない）と考えられるので、互いに独立で同一の分布に従う（i.i.d.）という仮定は、かなり強い（現実とは乖離した）仮定となっていることに注意が必要である。

ここで、複数のリスク・ファクターがあり、それぞれのリスク・ファクターの収益率は互いに独立で同一の分布に従い、同一期間におけるリスク・ファクターは**多変量正規分布**に従うと仮定する。多変量正規分布とは、任意のリスク・ファクターの組合せ（一次結合）が正規分布になるような分布をいう。正規分布に従う確率変数を n 個集めたポートフォリオとしての分布（同時分布）は、常に多変量正規分布に従うとは限らないということに注意する必要がある。

パラメータ（平均、分散共分散）の推定

　まず、ここではパラメータ推定に必要となる各種統計量について検討する。現実の問題では、真の分布 $F(\cdot)$ を知ることはできない場合が多く[1]、その場合には現実のデータ（観測データ）から真の分布 $F(\cdot)$ を推定することになる。N 個の現実のデータ $\{x_1, x_2, \cdots, x_N\}$ を、N 回の試行によって得られる分布 $F(\cdot)$ に従う確率変数列 $\{X_1, X_2, \cdots, X_N\}$ の実現値と考える。このとき、$\{x_1, x_2, \cdots, x_N\}$ を母集団分布からの**標本**といい、標本 $x_1, x_2, \cdots, x_N$ が互いに独立であるとき**無作為標本**と呼ぶ。また、この無作為標本を用いて、ある決まった手順（計算）によって求められる量のことを**統計量**という。

　なお、N 個のデータ $\{x_1, x_2, \cdots, x_N\}$ を大きさの小さいものから順に並び替えたものを $\{\hat{x}_1, \hat{x}_2, \cdots, \hat{x}_N\}$ とし、最小値から c 番目の値 $\hat{x}_c$ を $c/N \times 100\,\%$ 点（パーセント点）という。

　母集団の分布の平均、分散、パーセント点のように、母集団の分布によって得られる量 a に対し、N 個の現実（サンプル）のデータによって計測されるある統計量 $G(x_1, x_2, \cdots, x_N)$ が、

$$E[G(x_1, x_2, \cdots, x_N)] = a \tag{3.2}$$

となるとき、$G(x_1, x_2, \cdots, x_N)$ のことを a の**不偏推定量**という。すなわち、不偏推定量は、現実のデータによって計測される統計量 $G(x_1, x_2, \cdots, x_N)$ の期待値が、母集団の統計量を表しているという考え方によるものである。

　無作為標本の実現値、すなわち独立な N 回の試行によって得られる N 個の実現データを $\{x_1, x_2, \cdots, x_N\}$ とすると、$G(x_1, x_2, \cdots, x_N)$ は不偏推定量 $G(X_1, X_2, \cdots, X_N)$ の 1 つの実現値（推定値）である。これを独立に十分大きな回数 M だけ試行して得られた M 個の推定値の平均をとると、大数の法則から真の値 a に収束する。

1　$F(\cdot)$ の「$\cdot$」は、任意の変数という意味であり、何かの変数に対する関数 $F(\cdot)$ を表している。

リスク・ファクターの収益率にi.i.d.を仮定すると、収益率の時系列データは、収益率分布からの無作為標本とみなすことができる。特に収益率に正規分布を仮定した場合は、過去データから平均、分散を求めればよい。以下、n 種類のリスク・ファクターについて、現在時点を 0 とし、現在までを含めた過去データが T 個与えられているとする。$i(i=1, 2, \cdots, n)$ 番目のリスク・ファクターの時点 t $(t=0, -1, -2, \cdots, -T+1)$ での価格を $x_i(t)$、収益率を $r_i(t)$ で表すとし、$r_i(t)$ を成分とする行列 R を以下のように定義する。

$$\mathbf{R} = \begin{pmatrix} r_1(0) & r_1(-1) & \cdots & r_1(-T+1) \\ r_2(0) & r_2(-1) & \cdots & r_2(-T+1) \\ \vdots & \vdots & \ddots & \vdots \\ r_n(0) & r_n(-1) & \cdots & r_n(-T+1) \end{pmatrix} \tag{3.3}$$

行列 R は、表の形で示されたデータをまとめて R で表したものであり、縦方向はリスク・ファクターの区別、横方向は時系列の区分を指している。

リスク・ファクター毎の平均 $\bar{r}_i$ と分散 $\bar{\sigma}_i^2$ は、それぞれ、

$$\bar{r}_i = \frac{1}{T} \sum_{t=-T+1}^{0} r_i(t) \tag{3.4}$$

$$\bar{\sigma}_i^2 = \frac{1}{T} \sum_{t=-T+1}^{0} (r_i(t) - \bar{r}_i)^2 \tag{3.5}$$

で求める。分散 $\bar{\sigma}_i^2$ のルートをとったものが標準偏差 $\bar{\sigma}_i$ である。

$$\bar{\sigma}_i = \sqrt{\bar{\sigma}_i^2} \tag{3.6}$$

不偏分散 $\hat{\sigma}_i^2$ は、

$$\hat{\sigma}_i^2 = \frac{1}{T-1} \sum_{t=-T+1}^{0} (r_i(t) - \bar{r}_i)^2 \tag{3.7}$$

で求められる。不偏分散 $\hat{\sigma}_i^2$ は母集団の分散の期待値に一致している。なお、不偏分散 $\hat{\sigma}_i^2$ のルートをとった値、

$$\hat{\sigma}_i = \sqrt{\hat{\sigma}_i^2} \tag{3.8}$$

は不偏推定量とはならないため、母標準偏差と呼ばれることが多い。なお、Excelでは平均$\bar{r}_i$を統計関数AVERAGEで、分散をVAR.Sで、不偏分散をVAR.Pによって計算することができる。また、標本に基づく標準偏差をSTDEV.S、母集団の母標準偏差をSTDEV.Pで処理できる。

同様に、リスク・ファクターiとjの関係を示す標本共分散$\bar{c}_{i,j}$は、

$$\bar{c}_{i,j} = \frac{1}{T} \sum_{t=-T+1}^{0} (r_i(t) - \bar{r}_i)(r_j(t) - \bar{r}_j) \tag{3.9}$$

不偏共分散$\hat{c}_{i,j}$は、

$$\hat{c}_{i,j} = \frac{1}{T-1} \sum_{t=-T+1}^{0} (r_i(t) - \bar{r}_i)(r_j(t) - \bar{r}_j) \tag{3.10}$$

で求められる。なお、Excelでは共分散$\bar{c}_{i,j}$をCOVARIANCE.S、不偏共分散$\hat{c}_{i,j}$をCOVARIANCE.Pによって計算することができる。

また、相関の推定量を、

$$\hat{\rho}_{i,j} = \frac{\hat{c}_{i,j}}{\hat{\sigma}_i \hat{\sigma}_j} \tag{3.11}$$

とおく。

このようにして計算される不偏分散$\hat{\sigma}_i^2$の値は、推定に用いるデータすなわち標本によって値が異なり確率変数となる。したがって、母分散をσ_i^2とおくと、

$$E[\hat{\sigma}_i^2] = \sigma_i^2$$

となり、この関係から不偏分散のことを分散の不偏推定量と呼ぶ場合もある。不偏推定量とは、理論上は知ることのできない真の値に近づくような推定量に対し、実際に観測される実現値を当てはめることで推定値を導き、その推定値を真の値の代わりとして使うという伝統的な統計学の基本的な考え方に基づいたものである。

··

確率変数 X の無作為標本を $\{X_1, X_2, \cdots, X_n\}$ とするとき、

$$\bar{X} = \frac{1}{n} \sum_{i=1}^{n} X_i \tag{3.12}$$

は、母平均、

$$E[X_i] = \mu \quad (i = 1, 2, \cdots, n) \tag{3.13}$$

の不偏推定値であることを示せ。

[解] （3.12）式の期待値は、

$$E[\bar{X}] = E\left[\frac{1}{n} \sum_{i=1}^{n} X_i\right] = \frac{1}{n} \sum_{i=1}^{n} E[X_i] = \frac{1}{n} \cdot n E[X_i] = E[X_i] = \mu$$

であるので、$\bar{X}$ は母平均の不偏推定値である。

例3.2 ···

確率変数 X の無作為標本を $\{X_1, X_2, \cdots, X_n\}$ とするとき、

$$\hat{\sigma}^2 = \frac{1}{n-1} \sum_{i=1}^{n} (X_i - \bar{X})^2 \tag{3.14}$$

は、母分散、

$$\sigma^2 = E[(X_i - E[X_i])^2] = E[(X_i - \mu)^2] \quad (i = 1, 2, \cdots, n) \tag{3.15}$$

の不偏推定値であることを示せ。

[解]

$$\hat{\sigma}^2 = \frac{1}{n-1} \sum_{i=1}^{n} (X_i - \bar{X})^2$$

$$= \frac{1}{n-1} \sum_{i=1}^{n} (X_i^2 - 2X_i \bar{X} + (\bar{X})^2)$$

$$= \frac{n}{n-1} \cdot \frac{1}{n} \sum_{i=1}^{n} X_i^2 - 2\bar{X} \cdot \frac{n}{n-1} \cdot \frac{1}{n} \sum_{i=1}^{n} X_i + \frac{n}{n-1} \cdot \frac{1}{n} \sum_{i=1}^{n} (\bar{X})^2$$

$$= \frac{n}{n-1} \cdot \bar{X}_i^2 - 2\bar{X} \cdot \frac{n}{n-1} \cdot \bar{X} + \frac{n}{n-1} \cdot (\bar{X})^2$$

$$= \frac{n}{n-1} \{ \bar{X}_i^2 - (\bar{X})^2 \} \qquad (3.16)$$

(3.16) 式の期待値をとると、

$$E[\hat{\sigma}^2] = E\left[\frac{n}{n-1} \{ \bar{X}_i^2 - (\bar{X})^2 \} \right]$$

$$= \frac{n}{n-1} E[\bar{X}_i^2 - (\bar{X})^2]$$

$$= \frac{n}{n-1} \{ E[\bar{X}_i^2] - E[(\bar{X})^2] \} \qquad (3.17)$$

となる。

$$E[(X_i - \mu)^2] = V[X_i] = \sigma^2$$

であるので、

$$E[\bar{X}_i^2] = E\left[\frac{1}{n} \sum_{i=1}^{n} X_i^2 \right]$$

$$= \frac{1}{n} \sum_{i=1}^{n} E[X_i^2]$$

$$= \frac{1}{n} \sum_{i=1}^{n} E[(X_i - \mu)^2 + 2\mu X_i - \mu^2]$$

$$= \frac{1}{n} \left\{ \sum_{i=1}^{n} E[(X_i - \mu)^2] + 2\mu \sum_{i=1}^{n} E[X_i] - \sum_{i=1}^{n} E[\mu^2] \right\}$$

$$= \frac{1}{n} \left\{ \sum_{i=1}^{n} \sigma^2 + 2\mu \sum_{i=1}^{n} \mu - \sum_{i=1}^{n} \mu^2 \right\}$$

$$= \frac{1}{n} \{ n\sigma^2 + 2n\mu^2 - n\mu^2 \}$$

$$= \sigma^2 + \mu^2 \qquad (3.18)$$

となる。

$$E[X_i X_j] = \begin{cases} E[X_i^2] & \text{if} \quad i=j \\ E[X_i]E[X_j] & \text{if} \quad i \neq j \end{cases}$$

であるので、

$$E[(\bar{X})^2] = E\left[\left(\frac{1}{n}\sum_{i=1}^{n}X_i\right)^2\right]$$

$$= E\left[\left(\frac{1}{n}\sum_{i=1}^{n}X_i\right)\left(\frac{1}{n}\sum_{j=1}^{n}X_j\right)\right]$$

$$= \frac{1}{n^2}E\left[\sum_{i=1}^{n}\sum_{j=1}^{n}X_i X_j\right]$$

$$= \frac{1}{n^2}\sum_{i=1}^{n}\sum_{j=1}^{n}E[X_i X_j]$$

$$= \frac{1}{n^2}\sum_{i=1}^{n}E[X_i^2] + \frac{1}{n^2}\sum_{i=1}^{n}\sum_{j \neq i, j=1}^{n}E[X_i X_j]$$

$$= \frac{1}{n}\left(\frac{1}{n}\sum_{i=1}^{n}E[X_i^2]\right) + \frac{1}{n^2}\sum_{i=1}^{n}\sum_{j \neq i, j=1}^{n}E[X_i]E[X_j]$$

$$= \frac{1}{n}\left(\frac{1}{n}\sum_{i=1}^{n}E[X_i^2]\right) + \frac{1}{n^2}\sum_{i=1}^{n}E[X_i]\left(\sum_{j \neq i, j=1}^{n}E[X_j]\right)$$

$$= \frac{1}{n}\left(\frac{1}{n}\sum_{i=1}^{n}E[X_i^2]\right) + \frac{1}{n^2}\sum_{i=1}^{n}E[X_i]\left(\sum_{j \neq i, j=1}^{n}\mu\right)$$

$$= \frac{1}{n}(\sigma^2 + \mu^2) + \frac{1}{n^2}\sum_{i=1}^{n}\mu \cdot (n-1)\mu$$

$$= \frac{1}{n}(\sigma^2 + \mu^2) + \frac{1}{n^2} \cdot n(n-1)\mu^2$$

$$= \frac{1}{n}\sigma^2 + \mu^2 \qquad\qquad (3.19)$$

（3.18）式と（3.19）式を（3.17）式に代入すると、

$$E[\hat{\sigma}^2] = \frac{n}{n-1}\{E[\bar{X}_i^2] - E[(\bar{X})^2]\}$$

$$= \frac{n}{n-1}\left\{\sigma^2 + \mu^2 - \frac{1}{n}\sigma^2 - \mu^2\right\}$$

$$= \sigma^2$$

となる。よって、不偏分散 $\hat{\sigma}^2$ は母分散 $V = \sigma^2$ の不偏推定量となる。

しかし、σ の推定値 $\hat{\sigma}$ は不偏ではない。

リスク・ファクター i と j の共分散（$i=j$ の場合は分散）は、成分 (i,j) の $n \times n$ の正方行列であり、これを分散共分散行列という。通常は真の分散共分散は未知であるので、以下のように（3.7）、（3.10）式で求めた値を成分にもつ $n \times n$ の正方行列が推定された分散共分散行列ということになるが、以下では支障がない限りこれを単に分散共分散行列と呼ぶことにする。

$$\mathsf{S} = \begin{pmatrix} \hat{\sigma}_1^2 & \hat{c}_{1,2} & \cdots & \hat{c}_{1,n} \\ \hat{c}_{2,1} & \hat{\sigma}_2^2 & \cdots & \hat{c}_{2,n} \\ \vdots & \vdots & \ddots & \vdots \\ \hat{c}_{n,1} & \hat{c}_{n,2} & \cdots & \hat{\sigma}_n^2 \end{pmatrix} \qquad (3.20)$$

また、$\hat{\sigma}_i^2$ を $\hat{c}_{i,i}$ とも記すことにする。

（3.3）式で示した過去の収益率の行列 R に対し、各リスク・ファクターの系列から平均 $\bar{r}_i$ を引いた行列を、

$$\mathsf{R}_{\bar{r}} = \begin{pmatrix} r_1(0) - \bar{r}_1 & r_1(-1) - \bar{r}_1 & \cdots & r_1(-T+1) - \bar{r}_1 \\ r_2(0) - \bar{r}_2 & r_2(-1) - \bar{r}_2 & \cdots & r_2(-T+1) - \bar{r}_2 \\ \vdots & \vdots & \ddots & \vdots \\ r_n(0) - \bar{r}_n & r_n(-1) - \bar{r}_n & \cdots & r_n(-T+1) - \bar{r}_n \end{pmatrix} \qquad (3.21)$$

とおくと、（3.20）式の分散共分散行列 S は、

$$\mathsf{S} = \frac{1}{T-1}\mathsf{R}_{\bar{r}}\mathsf{R}_{\bar{r}}^{\mathsf{T}} \qquad (3.22)$$

で計算することができる。なお $\mathsf{R}_{\bar{r}}^{\mathsf{T}}$ は $\mathsf{R}_{\bar{r}}$ の転置行列である。行列計算の概略については Appendix A に示した。

（3.22）式が成立することを確認せよ。

解

$$\frac{1}{T-1}\mathsf{R}_{\tilde{r}}\mathsf{R}_{\tilde{r}}^{\mathrm{T}} = \frac{1}{T-1}\begin{pmatrix} r_1(0)-\bar{r}_1 & r_1(-1)-\bar{r}_1 & \cdots & r_1(-T+1)-\bar{r}_1 \\ r_2(0)-\bar{r}_2 & r_2(-1)-\bar{r}_2 & \cdots & r_2(-T+1)-\bar{r}_2 \\ \vdots & \vdots & \ddots & \vdots \\ r_n(0)-\bar{r}_n & r_n(-1)-\bar{r}_n & \cdots & r_n(-T+1)-\bar{r}_n \end{pmatrix}$$

$$\times \begin{pmatrix} r_1(0)-\bar{r}_1 & r_2(0)-\bar{r}_2 & \cdots & r_n(0)-\bar{r}_n \\ r_1(-1)-\bar{r}_1 & r_2(-1)-\bar{r}_2 & \cdots & r_n(-1)-\bar{r}_n \\ \vdots & \vdots & \ddots & \vdots \\ r_1(-T+1)-\bar{r}_1 & r_2(-T+1)-\bar{r}_2 & \cdots & r_n(-T+1)-\bar{r}_n \end{pmatrix}$$

ここで、行列 $\dfrac{1}{T-1}\mathsf{R}_{\tilde{r}}\mathsf{R}_{\tilde{r}}^{\mathrm{T}}$ の i 行 j 列の要素を $s_{i,j}$ とおくと、

$$s_{i,j} = \frac{1}{T-1}\sum_{t=1}^{T}(r_i(1-t)-\bar{r}_i)(r_j(1-t)-\bar{r}_j) = \hat{c}_{i,j}$$

が得られる。また、i 行 i 列の要素 $s_{i,i}$ は、

$$s_{i,i} = \frac{1}{T-1}\sum_{t=1}^{T}(r_i(1-t)-\bar{r}_i)(r_i(1-t)-\bar{r}_i) = \hat{\sigma}_{i,i}$$

となるので、

$$\mathsf{S} = \frac{1}{T-1}\mathsf{R}_{\tilde{r}}\mathsf{R}_{\tilde{r}}^{\mathrm{T}}$$

が得られる。

3.2 リスク・ファクターが１つの場合のVaR

一般に確率変数 X の分布関数が $F(x)$ であるとき、X の $\beta \times 100$ パーセント点が b であるとは、

$$P\{X \le b\} = F(b) = \beta \tag{3.23}$$

を満たすことであり、X の $\beta \times 100$ パーセント点は $F(x)$ の逆関数を用いて、

$$b = F^{-1}(\beta) \qquad\qquad (3.24)$$

として得られる。

さらに、確率変数 $Y = pX + q$ （p, q は定数, $p \neq 0$）の $\beta \times 100$ パーセント点を c とおくと、

$$\beta = P\{Y \leq c\} = P\{pX + q \leq c\} = P\left\{X \leq \frac{c-q}{p}\right\} = F\left(\frac{c-q}{p}\right)$$

すなわち、

$$\frac{c-q}{p} = F^{-1}(\beta)$$

となり、

$$c = pF^{-1}(\beta) + q \qquad\qquad (3.25)$$

として得られる。

このことから、平均 0、分散 1 に基準化された確率変数の $\beta \times 100$ パーセント点が b であるとわかっている場合は、平均 μ、標準偏差 σ の確率変数の $\beta \times 100$ パーセント点は $b\sigma + \mu$ で求めることができる。

平均 μ、標準偏差 σ の正規分布の分布関数 $F(x, \mu, \sigma)$ は、

$$F(x, \mu, \sigma) = \int_{-\infty}^{x} \frac{1}{\sqrt{2\pi}\sigma} \exp\left\{-\frac{(u-\mu)^2}{2\sigma^2}\right\} du \qquad\qquad (3.26)$$

で、密度関数 $f(x, \mu, \sigma)$ は、

$$f(x, \mu, \sigma) = \frac{1}{\sqrt{2\pi}\sigma} \exp\left\{-\frac{(x-\mu)^2}{2\sigma^2}\right\} \qquad\qquad (3.27)$$

で定義される（分布関数、密度関数の概略については Appendix B に示した）。Excel には、4 つの引数をもつ NORM. DIST という関数が用意されており、NORM. DIST $(x, \mu, \sigma,$ True$)$、もしくは NORM. DIST $(x, \mu, \sigma, 1)$ は、分布関数 $F(x, \mu, \sigma)$ の値、NORM. DIST $(x, \mu, \sigma,$ False$)$、もしくは = NORM. DIST $(x, \mu, \sigma, 0)$ は、密度関数 $f(x, \mu, \sigma)$ の値を計算する。また、平均 0、分散 1 の標準正規分布の分布関数 $F(x, 0, 1)$ の値を計算するには、NORM. S.

$\mathrm{DIST}(x, \mathrm{True})$ もしくは $\mathrm{NORM.\ S.\ DIST}(x, 1)$ という関数を用いればよい。また、標準正規分布の密度関数 $f(x, 0, 1)$ は、$\mathrm{NORM.\ S.\ DIST}(x, \mathrm{False})$ もしくは $\mathrm{NORM.\ S.\ DIST}(x, 0)$ で計算できる。

正規分布の $b \times 100$ パーセント点を求めるには、標準正規分布の $\beta \times 100$ パーセント点がわかればよいが、正規分布の $b \times 100$ パーセント点は正規分布の逆関数である Excel 関数 $\mathrm{NORM.\ INV}(b, \mu, \sigma)$ で値を求めることができる。

演習3.1

値 x の最大値と最小値を指定すると、値 x を100区分に分割したうえで、正規分布の分布関数 $F(x, \mu, \sigma)$ と密度関数 $f(x, \mu, \sigma)$ を計算し、その値をグラフ表示させるプログラムを Excel によって作成せよ。なお、平均 $\mu = 100$、標準偏差 $\sigma = 50$、最小値は50、最大値は150とする。

VaR を計算する場合、保有するポートフォリオの価格そのものの時系列データではなく、当該期間における収益率の時系列が一般に用いられる。これは、ポートフォリオの現在価値 V が既知であるので、ポートフォリオの収益率 R の確率分布がわかれば、VaR の計算が可能となるためである。

一定期間後までの V の収益率 R が正規分布に従うとし、その水準 $\alpha \times 100$ パーセント点を $-r_\alpha$ とおく。

V の変動幅を ΔV とすると、（2.13）式で示した対数収益率 R は、

$$R = \log_e\left(\frac{V + \Delta V}{V}\right)$$

となる。これを展開すると、

$$e^R = \frac{V + \Delta V}{V}$$

$$\Delta V = V(e^R - 1) \tag{3.28}$$

が得られる。また、（2.12）式で示した単利の収益率 $\hat{R}$ は、

$$\hat{R} = \frac{\Delta V}{V}$$

であるので、

$$\Delta V = V\hat{R} \tag{3.29}$$

となる。

　VaRの考え方については（1.3）式で、VaRのイメージについては図1.1に示した。VaRは「95％信頼水準のVaR」などと表現されるが、この信頼水準とは図1.1の基準値の α の右側の確率となる $(1-\alpha) \times 100$ の部分を指し、$\alpha = 0.05$ であるときの（1.3）式で示した a の値が、「95％信頼水準のVaR」となる。

$$\{V(t+\Delta t) < a\} = 0.05$$

　つまり、$V(t+\Delta t)$ のリスクを考えるうえで、a 以下の水準となってしまうと大きな問題となると捉えた場合、水準 a を想定してビジネスを展開した場合には、95％の確率でそれ以上のリスクは発生しないという安全サイドの水準を指している。

　ここで、収益率 R の従う分布の $(1-\alpha) \times 100\%$ 信頼水準のVaRを r_a で表せば、

$$P\{R \leq -r_a\} = \alpha \tag{3.30}$$

である。一方、ポートフォリオ価値の変動額 ΔV が従う分布の $(1-\alpha) \times 100\%$ 信頼水準のVaRを x とおくと、$V > 0$ であるとき（3.28）式から、

$$P\{\Delta V \leq -x\} = P\{V(e^R - 1) \leq -x\}$$

$$= P\left\{e^R \leq 1 - \frac{x}{V}\right\}$$

$$= P\left\{R \leq \log_e\left(1 - \frac{x}{V}\right)\right\} = \alpha \tag{3.31}$$

となる。したがって、（3.31）式と（3.30）式の関係から、

$$-r_a = \log_e\left(1 - \frac{x}{V}\right)$$

となり、これをxについて解けば、

$$e^{-r_a} = 1 - \frac{x}{V}$$

$$x = V(1 - e^{-r_a}) \tag{3.32}$$

が得られる。（3.32）式のxが、（1.3）式で示されたVaRの定義であるので、

$$\mathrm{VaR} = V(1 - e^{-r_a}) \tag{3.33}$$

が得られる。このように、ポートフォリオのVaRの計算は、収益率Rの信頼水準$(1-\alpha)\times 100\%$のVaRを計算する問題と同意であることがわかる。

また、単利$\hat{R}$を適用した場合には、

$$P\{\Delta V \le -x\} = P\{V\hat{R} \le -x\}$$

$$= P\left\{\hat{R} \le -\frac{x}{V}\right\} = \alpha$$

であるので、

$$-r_a = -\frac{x}{V}$$

よって、

$$\mathrm{VaR} = Vr_a \tag{3.34}$$

となる。

例3.4 ....

保有資産の5営業日後の単利の収益率$\hat{R}$が、平均$\mu = 0$、分散$\sigma^2 = 0.01$の正規分布に従っていると仮定する。標準正規分布の99パーセント点を2.33で与えたとき、保有期間5営業日、信頼水準99%のVaRを計算せよ。

解 事象$\{\hat{R} \le -r_a\}$は、基準化した事象、

$$\left\{ \frac{\hat{R}-\mu}{\sigma} \le \frac{-r_a-\mu}{\sigma} \right\} \tag{3.35}$$

と同一であり、基準化した確率変数 $\dfrac{\hat{R}-\mu}{\sigma}$ は標準正規分布に従う。ここで、

標準正規分布の $(1-\beta_N)\times 100$ パーセント点を b_N とおくと、

$$P\left\{ \frac{\hat{R}-\mu}{\sigma} \le b_N \right\} = 1-\beta_N \tag{3.36}$$

であり、

$$b_N = \frac{-r_a-\mu}{\sigma} \tag{3.37}$$

とおくと、

$$r_a = -\sigma b_N - \mu \tag{3.38}$$

となる。（3.38）式を（3.33）式に代入すると、対数収益率で表した VaR
は、

$$\mathrm{VaR} = V(1-e^{-r_a}) = V(1-e^{\sigma b_N + \mu}) \tag{3.39}$$

で計算される。また、（3.38）式を（3.34）式に代入すると、単利の収益
率で表した VaR は、

$$\mathrm{VaR} = Vr_a = V(-\sigma b_N - \mu) \tag{3.40}$$

で計算される。

　ここで、標準正規分布の１パーセント点（$(1-\beta_N)=0.01$）は $b_N=-2.33$
で与えられるので、（3.37）式より、

$$-2.33 = \frac{-r_a-0}{\sqrt{0.01}}$$

が得られ、$r_a = \sqrt{0.01}\times 2.33 \approx 0.233$ となる。したがって、（3.33）式よりこ
の保有資産の対数収益率で表した VaR は、

$$\mathrm{VaR} = V(1-e^{-0.233}) = 0.207846\,V$$

となる。また、（3.34）式よりこの保有資産の単利収益率で表した VaR は、

$$\text{VaR} = Vr_\alpha = 0.233\,V$$

となる。

例 3 . 5 ⋯⋯⋯⋯⋯⋯⋯⋯⋯⋯⋯⋯⋯⋯⋯⋯⋯⋯⋯⋯

　ある証券の 1 営業日当りの単利の収益率 $\hat{R}$ は、正規分布に従っていると仮定する。$\hat{R}$ のパーセント点を作成せよ。

	$\hat{R} \sim N(0, 1)$	$\hat{R} \sim N(\mu, \sigma^2)$	$\hat{R} \sim N(1, 2^2)$
50.00パーセント点			
15.87パーセント点			
5.05パーセント点			
2.28パーセント点			
1.00パーセント点			

[解]

	$\hat{R} \sim N(0, 1)$	$\hat{R} \sim N(\mu, \sigma^2)$	$\hat{R} \sim N(1, 2^2)$
50.00パーセント点	0.00	μ	1.00
15.87パーセント点	-1.00	$\mu - \sigma$	-1.00
5.05パーセント点	-1.64	$\mu - 1.64\,\sigma$	-2.28
2.28パーセント点	-2.00	$\mu - 2\sigma$	-3.00
1.00パーセント点	-2.33	$\mu - 2.33\,\sigma$	-3.66

例 3 . 6 ⋯⋯⋯⋯⋯⋯⋯⋯⋯⋯⋯⋯⋯⋯⋯⋯⋯⋯⋯⋯⋯⋯

　資産 V の保有期間 1 日の収益率 r が平均 μ、標準偏差 σ の正規分布に従うとする。また異なる日における収益率は互いに独立とする。このとき、

(1) 保有期間 1 日の99%VaRと保有期間 n 日の99%VaRを、単利の収益率 $\hat{R}$ と対数収益率 R を用いた場合についてそれぞれ計算せよ。

(2) 資産 V の保有期間 1 日の収益率 r が平均 0、標準偏差 0.55%の正規分布に従い、V の現時点での市場価格が 1 億円であるとき、保有期間 1 日の 99%VaRと保有期間 5 日の 95%VaRを、単利の収益率 $\hat{R}$ と対数収益率 R を用いた場合についてそれぞれ計算せよ。

解

(1) 単利の収益率 $\hat{R} = \dfrac{\Delta V}{V}$ を用いた場合、(3.40) 式と、(2.21) 式、(2.22) 式の関係から、

保有期間 1 日の 99%VaRは、 $\mathrm{VaR} = V(-\sigma b_N - \mu) = V(2.33\sigma - \mu)$

保有期間 n 日の 99%VaRは、 $\mathrm{VaR} = V(2.33\sqrt{n}\sigma - \mu)$

となる。次に、対数収益率 $R = \log_e\left(\dfrac{V + \Delta V}{V}\right)$ を用いた場合、(3.39) 式と、(2.21) 式、(2.22) 式の関係から、

保有期間 1 日の 99%VaRは、 $\mathrm{VaR} = V(1 - e^{-r_a}) = V(1 - e^{-\mu - 2.33\sigma})$

保有期間 n 日の 99%VaRは、 $\mathrm{VaR} = V(1 - e^{-\mu - 2.33\sqrt{n}\sigma})$

が得られる。

(2) 単利の収益率 $\hat{R} = \dfrac{\Delta V}{V}$ を用いた場合

保有期間 1 日の 99% $\quad \mathrm{VaR} = 100{,}000{,}000(2.33 \times 0.0055 - 0)$
$= 1{,}281{,}500$

保有期間 5 日の 95% $\quad \mathrm{VaR} = 100{,}000{,}000(1.64 \times \sqrt{5} \times 0.0055 - 0)$
$= 2{,}016{,}933$

対数収益率 $R = \log_e\left(\dfrac{V + \Delta V}{V}\right)$ を用いた場合

保有期間 1 日の 99% $\quad \mathrm{VaR} = 100{,}000{,}000(1 - e^{-2.33 \times 0.0055}) = 1{,}273{,}323$

保有期間 5 日の 95% $\quad \mathrm{VaR} = 100{,}000{,}000(1 - e^{-1.64 \times \sqrt{5} \times 0.0055})$
$= 1{,}996{,}729$

3.3 ポートフォリオのVaR

ここでは、n種類の証券からなるポートフォリオの収益率について考える。それぞれの証券価格を$X_1, X_2, \cdots, X_n$とし、それぞれ$a_1, a_2, \cdots, a_n$単位ずつ保有することで得られるポートフォリオの価値Pは、

$$P = a_1 X_1 + a_2 X_2 + \cdots + a_n X_n = \sum_{i=1}^{n} a_i X_i$$

で計算できる。証券iの収益率をそれぞれ$r_i = \dfrac{\Delta X_i}{X_i}$とおくと、ポートフォリオの収益率$R$は、

$$R = \frac{\sum_{i=1}^{n} a_i \Delta X_i}{P} = \sum_{i=1}^{n} \frac{a_i X_i}{P} r_i = \sum_{i=1}^{n} w_i r_i \tag{3.41}$$

となる。ただし、$w_i = \dfrac{a_i X_i}{P}$は証券iへの投資比率を意味している。

最初に、2つの証券1, 2からなるポートフォリオの、収益率の平均と分散について検討する。2つの証券1, 2の収益率をr_1, r_2とし、それらの平均μ_1, μ_2、標準偏差をσ_1, σ_2、またr_1とr_2の相関を$\rho_{1,2}$とする。相関係数$\rho_{1,2}$は、

$$\rho_{1,2} = \frac{C[r_1, r_2]}{\sigma_1 \sigma_2} \tag{3.42}$$

で与えられるので、ポートフォリオの収益率Rの平均と分散は、それぞれ以下の式で求められる。

$$E[R] = E[w_1 r_1 + w_2 r_2] = w_1 \mu_1 + w_2 \mu_2 \tag{3.43}$$

$$\begin{aligned}
V[R] &= V[w_1 r_1 + w_2 r_2] = E[(w_1 r_1 + w_2 r_2 - w_1 \mu_1 - w_2 \mu_2)^2] \\
&= E[(w_1 r_1 - w_1 \mu_1)^2] + E[(w_2 r_2 - w_2 \mu_2)^2] \\
&\quad + 2E[(w_1 r_1 - w_1 \mu_1)(w_2 r_2 - w_2 \mu_2)] \\
&= V[w_1 r_1] + V[w_2 r_2] + 2C[w_1 r_1, w_2 r_2] \\
&= w_1^2 V[r_1] + w_2^2 V[r_2] + 2w_1 w_2 C[r_1, r_2]
\end{aligned}$$

$$= (w_1\sigma_1)^2 + (w_2\sigma_2)^2 + 2w_1w_2C[r_1, r_2] \tag{3.44}$$

また、（3.42）式より、

$$C[r_1, r_2] = \sigma_1\sigma_2\rho_{1.2} \tag{3.45}$$

となるので、ポートフォリオの収益率Rの標準偏差σ_Rは、（3.44）式と（3.45）式より、

$$\sigma_R = \sqrt{V[R]} = \sqrt{(w_1\sigma_1)^2 + (w_2\sigma_2)^2 + 2w_1w_2C[r_1, r_2]}$$
$$= \sqrt{(w_1\sigma_1)^2 + (w_2\sigma_2)^2 + 2w_1w_2\sigma_1\sigma_2\rho_{1.2}} \tag{3.46}$$

となる。

例3.4と同様に、基準化した事象、

$$\left\{ \frac{R-\mu}{\sigma} \leq \frac{-r_a-\mu}{\sigma} \right\}$$

を想定し、標準正規分布の$(1-\alpha)\times100$パーセント点を$-a$とおくと、

$$-a = \frac{-r_a-\mu}{\sigma}$$

$$r_a = \sigma a - \mu$$

であるので、Rの$(1-\alpha)\times100$パーセント点$-r_a$は、

$$-r_a = -\sigma a + \mu$$
$$= -a\sqrt{(w_1\sigma_1)^2 + (w_2\sigma_2)^2 + 2w_1w_2\sigma_1\sigma_2\rho_{1.2}} + (w_1\mu_1 + w_2\mu_2) \tag{3.47}$$

となる。したがって、ポートフォリオの収益率の$(1-\alpha)\times100\%$信頼水準のVaRは、

$$\mathrm{VaR} = a\sqrt{(w_1\sigma_1)^2 + (w_2\sigma_2)^2 + 2w_1w_2\sigma_1\sigma_2\rho_{1.2}} + (w_1\mu_1 + w_2\mu_2) \tag{3.48}$$

となる。損失をリスクとして捉える場合、VaRの表示では符号「－」を除いて表示されることが多い。

この考え方を多変数の場合に拡張する。n種類の証券価格を$X_1, X_2, \cdots,$ X_n としit it it の収益率を$r_1, r_2, \cdots, r_n$、その平均を$\mu_1, \mu_2, \cdots, \mu_n$、**分散共分散行列**を、

$$\mathbf{S} = \begin{pmatrix} c_{1,1} & c_{1,2} & \cdots & c_{1,n} \\ c_{2,1} & c_{2,2} & \cdots & c_{2,n} \\ \vdots & \vdots & \ddots & \vdots \\ c_{n,1} & c_{n,2} & \cdots & c_{n,n} \end{pmatrix} = \begin{pmatrix} \sigma_1^2 & c_{1,2} & \cdots & c_{1,n} \\ c_{2,1} & \sigma_2^2 & \cdots & c_{2,n} \\ \vdots & \vdots & \ddots & \vdots \\ c_{n,1} & c_{n,2} & \cdots & \sigma_n^2 \end{pmatrix} \tag{3.49}$$

とおく。ただし、$c_{i,j}$ は共分散、σ_i^2 は分散を意味している。ポートフォリオ収益率の期待値 $E[R]$ は、

$$E[R] = \sum_{i=1}^{n} w_i \mu_i \tag{3.50}$$

で与えられ、分散 $V[R]$ は、

$$V[R] = \sum_{i=1}^{n} \sum_{j=1}^{n} w_i w_j c_{i,j}$$

$$= (w_1 \ w_2 \ \cdots \ w_n) \begin{pmatrix} c_{1,1} & c_{1,2} & \cdots & c_{1,n} \\ c_{2,1} & c_{2,2} & \cdots & c_{2,n} \\ \vdots & \vdots & \ddots & \vdots \\ c_{n,1} & c_{n,2} & \cdots & c_{n,n} \end{pmatrix} \begin{pmatrix} w_1 \\ w_2 \\ \vdots \\ w_n \end{pmatrix}$$

$$= \mathbf{w}\mathbf{S}\mathbf{w}^{\mathrm{T}} \tag{3.51}$$

で計算される。ただし、$\mathbf{w} = (w_1 \ w_2 \ \cdots \ w_n)$ とおいた。

2変数の場合と同様に、標準正規分布の $(1-\alpha) \times 100$ パーセント点を $-a$ とおくと、R の $(1-\alpha) \times 100$ パーセント点 $-r_a$ は、

$$-r_a = -a\sqrt{V[R]} + \sum_{i=1}^{n} w_i \mu_i$$

となり、したがって、ポートフォリオのVaRは、

$$\mathrm{VaR} = P\left(a\sqrt{V[R]} - \sum_{i=1}^{n} w_i \mu_i \right)$$

$$= P\left(a\sqrt{(w_1 \ w_2 \ \cdots \ w_n) \begin{pmatrix} c_{1,1} & c_{1,2} & \cdots & c_{1,n} \\ c_{2,1} & c_{2,2} & \cdots & c_{2,n} \\ \vdots & \vdots & \ddots & \vdots \\ c_{n,1} & c_{n,2} & \cdots & c_{n,n} \end{pmatrix} \begin{pmatrix} w_1 \\ w_2 \\ \vdots \\ w_n \end{pmatrix}} - \sum_{i=1}^{n} w_i \mu_i \right)$$

$$= a \sqrt{(W_1 \ W_2 \ \cdots \ W_n) \begin{pmatrix} c_{1,1} & c_{1,2} & \cdots & c_{1,n} \\ c_{2,1} & c_{2,2} & \cdots & c_{2,n} \\ \vdots & \vdots & \ddots & \vdots \\ c_{n,1} & c_{n,2} & \cdots & c_{n,n} \end{pmatrix} \begin{pmatrix} W_1 \\ W_2 \\ \vdots \\ W_n \end{pmatrix}} - \sum_{i=1}^{n} W_i \mu_i \quad (3.52)$$

となる。ただし、証券 i への投資比率 w_i を、

$$w_i = \frac{a_i X_i}{P} = \frac{W_i}{P}$$

とした。このとき、W_i は証券 i への投資金額である。

　ここで、分散共分散行列と**相関行列**の関係について述べる。r_i の標準偏差を $\sigma_i = \sqrt{V[r_i]}$、r_i, r_j の相関を、

$$\rho_{i,j} = \frac{C[r_i, r_j]}{\sigma_i \sigma_j}$$

とおくと、

$$\mathbf{S} = \begin{pmatrix} \sigma_1 \sigma_1 \rho_{1,1} & \sigma_1 \sigma_2 \rho_{1,2} & \cdots & \sigma_1 \sigma_n \rho_{1,n} \\ \sigma_2 \sigma_1 \rho_{2,1} & \sigma_2 \sigma_2 \rho_{2,2} & \cdots & \sigma_2 \sigma_n \rho_{2,n} \\ \vdots & \vdots & \ddots & \vdots \\ \sigma_n \sigma_1 \rho_{n,1} & \sigma_n \sigma_2 \rho_{n,2} & \cdots & \sigma_n \sigma_n \rho_{n,n} \end{pmatrix}$$

$$= \begin{pmatrix} \sigma_1 & 0 & \cdots & 0 \\ 0 & \sigma_2 & \cdots & 0 \\ \vdots & \vdots & \ddots & \vdots \\ 0 & 0 & \cdots & \sigma_n \end{pmatrix} \begin{pmatrix} 1 & \rho_{1,2} & \cdots & \rho_{1,n} \\ \rho_{2,1} & 1 & \cdots & \rho_{2,n} \\ \vdots & \vdots & \ddots & \vdots \\ \rho_{n,1} & \rho_{n,2} & \cdots & 1 \end{pmatrix} \begin{pmatrix} \sigma_1 & 0 & \cdots & 0 \\ 0 & \sigma_2 & \cdots & 0 \\ \vdots & \vdots & \ddots & \vdots \\ 0 & 0 & \cdots & \sigma_n \end{pmatrix} \quad (3.53)$$

と分解できる。この（3.53）式の、

$$\begin{pmatrix} 1 & \rho_{1,2} & \cdots & \rho_{1,n} \\ \rho_{2,1} & 1 & \cdots & \rho_{2,n} \\ \vdots & \vdots & \ddots & \vdots \\ \rho_{n,1} & \rho_{n,2} & \cdots & 1 \end{pmatrix}$$

を相関行列という。（3.51）式で示された収益率 R の分散 $V[R]$ を、この相関行列で表すと、

$$V[R] = \sum_{i=1}^{n} \sum_{j=1}^{n} w_i w_j \sigma_i \sigma_h \rho_{i,j}$$

$$= (w_1\sigma_1 \; w_2\sigma_2 \; \cdots \; w_n\sigma_n) \begin{pmatrix} 1 & \rho_{1,2} & \cdots & \rho_{1,n} \\ \rho_{2,1} & 1 & \cdots & \rho_{2,n} \\ \vdots & \vdots & \ddots & \vdots \\ \rho_{n,1} & \rho_{n,2} & \cdots & 1 \end{pmatrix} \begin{pmatrix} w_1\sigma_1 \\ w_2\sigma_2 \\ \vdots \\ w_n\sigma_n \end{pmatrix} \qquad (3.54)$$

が得られる。したがって、ポートフォリオのVaRは、

$$\mathrm{VaR} = P\left(a\sqrt{V[R]} - \sum_{i=1}^{n} w_i\,\mu_i \right)$$

$$= P\left(a\sqrt{(w_1\sigma_1 \; w_2\sigma_2 \; \cdots \; w_n\sigma_n) \begin{pmatrix} 1 & \rho_{1,2} & \cdots & \rho_{1,n} \\ \rho_{2,1} & 1 & \cdots & \rho_{2,n} \\ \vdots & \vdots & \ddots & \vdots \\ \rho_{n,1} & \rho_{n,2} & \cdots & 1 \end{pmatrix} \begin{pmatrix} w_1\sigma_1 \\ w_2\sigma_2 \\ \vdots \\ w_n\sigma_n \end{pmatrix}} \right.$$

$$\left. - \sum_{i=1}^{n} w_i\mu_i \right)$$

$$= a\sqrt{(W_1\sigma_1 \; W_2\sigma_2 \; \cdots \; W_n\sigma_n) \begin{pmatrix} 1 & \rho_{1,2} & \cdots & \rho_{1,n} \\ \rho_{2,1} & 1 & \cdots & \rho_{2,n} \\ \vdots & \vdots & \ddots & \vdots \\ \rho_{n,1} & \rho_{n,2} & \cdots & 1 \end{pmatrix} \begin{pmatrix} W_1\sigma_1 \\ W_2\sigma_2 \\ \vdots \\ W_n\sigma_n \end{pmatrix}}$$

$$- \sum_{i=1}^{n} W_i\mu_i \qquad (3.55)$$

となる。

例3.7 ···

2つの証券 A, B にそれぞれ1億円、2億円を投資しているポートフォリ

オがあるとする。それぞれの証券の保有期間1日の収益率 $r_i = \dfrac{\Delta X_i}{X_i}$ がそれ

ぞれ平均0の正規分布に従い、分散共分散行列を $S = \begin{pmatrix} 0.01 & 0.004 \\ 0.004 & 0.04 \end{pmatrix}$ とす

る。このとき、保有期間1日の信頼水準99%のVaRを求めよ。

解 （3.52）式に与えられたデータを入力する。

$$99\% \text{ VaR} = 2.33 \sqrt{ (100000000 \quad 200000000) \begin{pmatrix} 0.01 & 0.004 \\ 0.004 & 0.04 \end{pmatrix} \begin{pmatrix} 100000000 \\ 200000000 \end{pmatrix} }$$

$$\approx 100487581$$

となる。

演習 3 . 2 ....

5 つの証券 $i = 1, 2, \cdots, 5$ にそれぞれ1.0億円、1.2億円、1.5億円、1.7億円、2.0億円を投資しているポートフォリオがあるとする。それぞれの証券の保有期間 1 日の収益率 $r_i = \dfrac{\Delta X_i}{X_i}$ は、それぞれ平均0.002、0.003、−0.001、−0.004、0.005の正規分布に従い、分散共分散行列が

$$\mathbf{S} = \begin{pmatrix} 0.0010 & 0.0004 & 0.0006 & 0.0029 & 0.0035 \\ 0.0004 & 0.0041 & 0.0008 & 0.0023 & 0.0003 \\ 0.0006 & 0.0008 & 0.0037 & 0.0016 & 0.0024 \\ 0.0029 & 0.0023 & 0.0016 & 0.0056 & 0.0019 \\ 0.0035 & 0.0005 & 0.0024 & 0.0019 & 0.0002 \end{pmatrix}$$

で与えられているものとする。このとき、保有期間 1 日の信頼水準99％のVaRをExcelの行列演算によって求めよ。

〈ヒント〉

（3.52）式に、

$$\mathbf{W} = (1.0 \quad 1.2 \quad 1.5 \quad 1.7 \quad 2.0)$$

$$\boldsymbol{\mu} = (0.002 \quad 0.003 \quad -0.001 \quad -0.004 \quad 0.005)$$

を代入する。

$$\text{VaR} = 2.33 \sqrt{ \mathbf{W} \mathbf{S} \mathbf{W}^{\mathrm{T}} } - \mathbf{W} \boldsymbol{\mu}^{\mathrm{T}}$$

例 3 . 8 ....

以下の 2 つの為替取引からなるポートフォリオを円建てで評価管理する場合のVaRを算出せよ。

(1) ドル買い円売り　　　1,500万米ドル

(2) ユーロ売り円買い　　1,000万ユーロ

　なお、このポートフォリオのリスク・ファクターは、ドル/円為替スポット・レートと、ユーロ/円為替スポット・レートであり、それらの為替レートの日次収益率をベースとする分散共分散行列は

	ドル/円	ユーロ/円
ドル/円	0.040	0.018
ユーロ/円	0.018	0.024

で与えられており、収益率の平均は0であるものとする。また、現在の市場レートは

(1) ドル（USD）/円　　　スポット・レートが120.00円

(2) ユーロ（EUR）/円　　スポット・レートが160.00円

であり、VaRは保有期間1年、信頼水準99%で計測するものとする。

解　分散共分散行列より、ドル、ユーロの収益率の標準偏差（日次）は、それぞれ $\sqrt{0.04}=0.2$、$\sqrt{0.024}=0.1549$ である。ポートフォリオの売り買いの向きによって損失の方向が異なるので注意が必要である。相関行列は、

$$\begin{pmatrix} 1 & 0.5809 \\ 0.5809 & 1 \end{pmatrix}$$

となるので、（3.55）式に年間日数 $T=250$ として、

$$W_1\sigma_1 = 15 \times 120 \times 0.2 \times \sqrt{250} = 5692.10$$

$$W_2\sigma_2 = -10 \times 160 \times 0.1549 \times \sqrt{250} = -3919.18$$

を代入すると、

$$99\%\,\mathrm{VaR} = 2.33\sqrt{(5692.10 \quad -3919.18)\begin{pmatrix} 1 & 0.5809 \\ 0.5809 & 1 \end{pmatrix}\begin{pmatrix} 5692.10 \\ -3919.18 \end{pmatrix}}$$

$$\approx 10{,}888.86 \text{（百万円）}$$

となる。

例3.8をExcelによって計算せよ。

　次に、ポートフォリオの分散効果について考察する。最も単純な例として、全体の資産額 P を、同一な分散 σ^2、互いに同一な相関 ρ の n 個のリスク・ファクターに等分に投資するものと仮定する。このとき、このポートフォリオの収益率 R の分散 $V[R]$ は、

$$V[R] = n\left(\frac{P}{n}\right)^2 \sigma^2 + n(n-1)\left(\frac{P}{n}\right)^2 \sigma^2 \rho$$

$$= \frac{1}{n}P^2\sigma^2 + \frac{n-1}{n}P^2\sigma^2\rho$$

$$\to P^2\sigma^2\rho \qquad (n\to\infty)$$

となり、ρ の値が1よりも小さい（完全相関以外）場合には、各リスク・ファクターの分散を合算したものより値が減少することがわかる。

　また、ポートフォリオを構成する各資産の収益率の分布関数が不明であっても、資産の種類が十分に多く、かつそれらの収益率が互いに独立で同一の分布である場合には、中心極限定理によりポートフォリオの収益率を正規分布で近似することが正当化される。

定理3.1　中心極限定理

　$X_1, X_2, \cdots$ は独立で同一な分布に従う (i.i.d.) 確率変数とし、$E[X_i]=\mu$、$V[X_i]=\sigma^2<\infty$ とする（$i=1,2,\cdots$）。

$$Z_n = \frac{1}{\sqrt{n}}\sum_{i=1}^{n}X_i \tag{3.56}$$

とおくと、Z_n の分布関数は平均 μ、分散 σ^2 の正規分布関数に収束する。

3.4 非線型評価関数で評価される資産のVaR

前節でみてきたように、ポートフォリオの価値はリスク・ファクターの線型和で評価された。これに対し、リスク・ファクターに関する非線型関数で評価される資産もある。代表的な例としてオプションなどのデリバティブがあげられる。

ここでは、その評価式が導出された理論的背景については触れずに、与えられた評価式に基づいてどのようにVaRが算出されるのかについて述べる。

資産Pがリスク・ファクター$X_1, X_2, \cdots, X_n$の実現値$x_1, x_2, \cdots, x_n$の滑らかな（微分可能な）関数として、$P = P(x_1, x_2, \cdots, x_n)$のように評価されているとする。**テイラー展開**の1回微分の項のみに注目すると、

$$P(x_1 + \Delta x_1, \cdots, x_n + \Delta x_n) = P(x_1, x_2, \cdots, x_n)$$
$$+ \sum_{i=1}^{n} \frac{\partial}{\partial x_i} P(x_1, x_2, \cdots, x_n) \Delta x_i$$
$$+ o(|\Delta x_1, \cdots, \Delta x_n|) \qquad (3.57)$$

であることから、各リスク・ファクターの変化量が十分小さければ、

$$\Delta P = P(x_1 + \Delta x_1, \cdots, x_n + \Delta x_n) - P(x_1, x_2, \cdots, x_n)$$
$$\approx \sum_{i=1}^{n} \frac{\partial}{\partial x_i} P(x_1, x_2, \cdots, x_n) \Delta x_i \qquad (3.58)$$

と近似できる（テイラー展開については、Appendix Cで概説）。これにより、Pの変化額ΔPは、各リスク・ファクターX_iをそれぞれ$\frac{\partial}{\partial x_i} P(x_1, x_2, \cdots, x_n)$単位ずつ保有することによりつくられるポートフォリオの変化額で近似できることがわかる。したがって、$X_1, X_2, \cdots, X_n$の収益率の平均が0で、分散共分散行列がSのとき、Pの信頼水準99%のVaRは、

$$\mathrm{VaR} = 2.33 \sqrt{(V_1 \quad V_2 \cdots V_n) \mathsf{S} \begin{pmatrix} V_1 \\ V_2 \\ \vdots \\ V_n \end{pmatrix}} \qquad (3.59)$$

で計算できる。ただし、

$$V_i = x_i \frac{\partial}{\partial x_i} P(x_1, x_2, \cdots, x_n)$$

であり、

$$\frac{\partial}{\partial x_i} P(x_1, x_2, \cdots, x_n)$$

をリスク・ファクター X_i に対する**センシティビティ**ともいう。

例3.9 ....

　たとえば株式オプションを考えよう。ここで、Black-Scholesモデルによるオプション・プレミアムの計算式について、結果だけを示す。

　Black-Scholesモデルでは、配当のない株式のヨーロピアン・タイプのオプションのプレミアムが以下の計算式で算出される。

　コール：

$$C = C(S, K, r, T, \sigma) = S\hat{N}(d_1) - Ke^{-rT}\hat{N}(d_2) \qquad (3.60)$$

　プット：

$$P = P(S, K, r, T, \sigma) = -S\hat{N}(-d_1) + Ke^{-rT}\hat{N}(-d_2) \qquad (3.61)$$

　　S：現在の株価

　　K：行使価格

　　r：無リスク金利

　　T：満期までの期間（年数）

　　σ：ボラティリティ

　　$\hat{N}(x)$：標準正規分布関数

$$\hat{N}(x) = \frac{1}{\sqrt{2\pi}} \int_{-\infty}^{x} e^{-u^2/2} du$$

$$d_1 = \frac{\log(S/K) + (r + 0.5\sigma^2)T}{\sigma\sqrt{T}} \tag{3.62}$$

$$d_2 = \frac{\log(S/K) + (r - 0.5\sigma^2)T}{\sigma\sqrt{T}} \tag{3.63}$$

$$= d_1 - \sigma\sqrt{T}$$

オプション価値は（3.60）、（3.61）式で評価され、評価関数の引数は S, K, r, T, σ の5つあるが、ここでは簡単のため、K, r, T, σ は定数で S だけが確率変動する（すなわち唯一のリスク・ファクターである）と仮定する。このとき、

コール・オプション価値の変化

$$\approx \frac{\partial C(S, K, r, T, \sigma)}{\partial S} \text{ 単位の} S \text{の価値変化} \tag{3.64}$$

プット・オプション価値の変化

$$\approx \frac{\partial P(S, K, r, T, \sigma)}{\partial S} \text{ 単位の} S \text{の価値変化} \tag{3.65}$$

と近似できる。この $\dfrac{\partial C(S, K, r, T, \sigma)}{\partial S}$ や $\dfrac{\partial P(S, K, r, T, \sigma)}{\partial S}$ は、**デルタ**と呼ばれているものであり、これが**デルタ法**の基本となっている。

　ここでは、簡単のため K, r, T, σ は定数として説明したが、金利 r やボラティリティ σ は確率変動すると考える場合もある。Black-Scholes モデルは、r や σ を一定として導出した式であるので、r や σ を変えて評価せざるをえなくなった場合の損失は、市場リスクというよりはむしろモデル・リスクとも考えられる。

　また、オプションの価値（時価価値）は原則としてオプション市場で決ま

る。したがって、実務的には、Black-Scholesモデルのような評価式の大きな役割の1つは、流動性の高いオプション価格からそれと整合するモデルパラメータ値を逆に求め（インプライド・ボラティリティ）、それに基づいて市場流動性の低いオプション価格の適正市場価格を推し量ることである。この意味で、適正ボラティリティの値はオプション市場の需給で決まり、それが変動することによる損失は、広い意味で市場リスクである（オプション市場変動リスク）と解釈できなくはない。いずれにせよ、それらは上記（3.64）や（3.65）のリスク計測と同様に求めることができる。

オプション価格式の変数をS, r, σの3つと考えると（行使価格Kは契約で決まった値で変化しない、また残存期間Tの変化は確定的である）、

コール・オプション価値の変化

$$\approx \frac{\partial C(S, K, r, T, \sigma)}{\partial S} \text{ 単位の } S \text{ の価値変化}$$

$$+ \frac{\partial C(S, K, r, T, \sigma)}{\partial r} \text{ 単位の } r \text{ の価値変化}$$

$$+ \frac{\partial C(S, K, r, T, \sigma)}{\partial \sigma} \text{ 単位の } \sigma \text{ の価値変化} \qquad (3.66)$$

と近似できる。あとはポートフォリオのVaRと同様に、

コール・オプションの99%VaR

$$= 2.33 \sqrt{\left(S\frac{\partial C}{\partial S} \quad r\frac{\partial C}{\partial r} \quad \sigma\frac{\partial C}{\partial \sigma} \right) \mathbf{S} \begin{pmatrix} S\frac{\partial C}{\partial S_1} \\ r\frac{\partial C}{\partial r} \\ \sigma\frac{\partial C}{\partial \sigma} \end{pmatrix}} \qquad (3.67)$$

が得られる。ただし、$\mathbf{S}$は、S, r, σの収益率の分散共分散行列である。この$\dfrac{\partial C(S, K, r, T, \sigma)}{\partial r}$はローと呼ばれ、$\dfrac{\partial C(S, K, r, T, \sigma)}{\partial \sigma}$はベガと呼ばれている。

また、確定的に変化する残存期間 T による変化分を考慮したい場合は、（3.67）式のVaR算出式に $\dfrac{\partial C(S, K, r, T, \sigma)}{\partial T}$ を加えればよい。

> **例3.10** ··

リスク・ファクター X の保有期間 1 日の収益率 r が平均 0 、標準偏差 0.55%（すなわち0.0055）の正規分布に従い、異なる日の収益率は互いに独立とする。資産 V は、

$$V = P(x) = \frac{100,000,000}{1+x}$$

で評価され、X の現時点での値を0.01とするとき、保有期間 1 日の99%VaRをデルタ法によって計算せよ。同様に、保有期間 5 日の95%VaRをデルタ法によって計算せよ。

> **解**

$$P(x)' = \frac{100,000,000}{(1+x)^2}$$

なので、

$$保有期間 1 日の99\% VaR = \frac{100,000,000}{(1+x)^2} \times 0.01 \times (2.33 \times 0.0055)$$

$$= 12,562.50$$

$$保有期間 5 日の95\% VaR = \frac{100,000,000}{(1+x)^2} \times 0.01 \times (\sqrt{5} \times 1.64 \times 0.0055)$$

$$= 19,771.92$$

ここまでの説明をみてもわかるとおり、これらは、テイラー展開による近似式に基づくもので、あくまで概算でしかない。このことを直感的に理解するために、次の例題を考えよう。

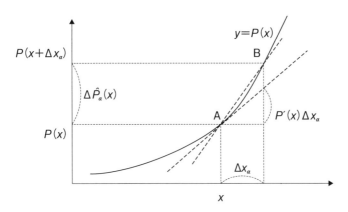

図3.1　デルタ法で求めた$\alpha \times 100$パーセント点の関係

　資産の評価関数$p(x)$が単調増加であるとする。Δxの$\alpha \times 100$パーセント点をΔx_aとすると、$\Delta P(x) \equiv P(x + \Delta x) - P(x)$の$\alpha \times 100$パーセント点は、$\Delta \hat{P}_a(x) \equiv P_a(x + \Delta x_a) - P(x)$である。また、$P(x)$が単調減少の場合は、$\Delta \hat{P}_{(1-a)}(x)$が$\alpha \times 100$パーセント点となる。

　これらと、デルタ法で求めたαパーセント点$(P'(x)\Delta x_a)$の関係を図で示すと図3.1のようになる。

　この差$(\Delta \hat{P}(x) - P'(x)\Delta x_a)$は、本来、原資産に対して非線形な価格特性をもつ資産の損益を、その接線で近似することによって生じた誤差である。接線であるデルタだけを用いて計測できる価格変動リスクのことを**線形リスク**、デルタだけでは計測できない価格変動リスクのことを**非線形リスク**と呼んでいる。

3.5　ガンマの組込み

　オプションのVaR評価に、デルタのみを利用した場合に生ずる誤差（非線

形リスク）は、価格曲線を接線で近似していることに起因している。つまり、評価に用いた点xの近傍において価格関数の曲線と接線とが大きく乖離する場合には、誤差も大きくなるのである。そこで、評価関数のテイラー展開による近似を、2階微分の項まで含んだ形で考えよう。

　まず評価関数が1変数の場合は、

$$P(x+\Delta x) = P(x) + P'(x)\Delta x + \frac{1}{2}P''(x)\cdot(\Delta x)^2 + o((\Delta x)^2) \qquad (3.68)$$

となる。この$P''(x)$は、オプションの場合には**ガンマ**と呼ばれるリスク指標である。これは、資産価格変動に対するデルタの変化度合いを示したものである。デルタでは線形リスクのみを計測したが、これにガンマ項の考慮を加えることで完全ではないが部分的に非線形リスクをリスク評価に反映することができ、近似精度をあげることができる。すなわち、

$$\Delta P = P(x+\Delta x) - P(x) \approx P'(x)\Delta x + \frac{1}{2}P''(x)\cdot(\Delta x)^2 \qquad (3.69)$$

と考え、ΔPの分布をΔxと$(\Delta x)^2$の分布から近似する。しかし、Δxの分布を正規分布としても、$(\Delta x)^2$は正規分布ではない（カイ2乗分布）ので、価格変動幅ΔPは正規分布とはならない。しかし、ここではそれを正規分布に近いと考えることにして、ΔPのパーセント点を近似するという考え方をとる。このとき、ΔPの分散は、

$$V[\Delta P] = (P'(x))^2 V[\Delta x] + P'(x)P''(x)C[\Delta x, (\Delta x)^2]$$

$$+ \frac{1}{4}(P''(x))^2 V[(\Delta x)^2]$$

で計算される。いま、収益率rが平均0、標準偏差σの正規分布に従うと仮定すると、$\Delta x(\approx xr)$は平均0、分散$x^2\sigma^2$の正規分布（$E[(\Delta x)^2] = x^2\sigma^2$）である。

　また、

$$C[\Delta x, (\Delta x)^2] = C[xr, (xr)^2]$$

$$= E[xr \cdot (xr)^2] - E[xr] \cdot E[(xr)^2]$$

$$= E[(xr)^3]$$

$$= 0$$

$$V[(\Delta x)^2] = E[(\Delta x)^4] - (E[(\Delta x)^2])^2$$

$$= x^4 E[r^4] - x^4 \sigma^4$$

$$= x^4 \cdot 3\sigma^4 - x^4 \sigma^4$$

$$= 2x^4 \sigma^4$$

であるので、

$$V[\Delta P] = (P'(x))^2 x^2 \sigma^2 + \frac{1}{2}(P''(x))^2 x^4 \sigma^4$$

となり、このΔPの、ガンマを加えて計算した信頼水準99％のVaRは、

$$\mathrm{VaR} \approx 2.33\sqrt{V[\Delta P]} = 2.33\sqrt{(P'(x))^2 x^2 \sigma^2 + \frac{1}{2}(P''(x))^2 x^4 \sigma^4} \qquad (3.70)$$

で近似できる。

なお、ここでは$E[r^4] = 3\sigma^4$を用いているが、これは以下の計算で得られる。

$$E[r^4] = \frac{1}{\sigma\sqrt{2\pi}} \int_{-\infty}^{\infty} r^4 e^{\frac{r^2}{2\sigma^2}} dx$$

$$= \frac{-\sigma^2}{\sigma\sqrt{2\pi}} \int_{-\infty}^{\infty} r^3 \left(e^{-\frac{r^2}{2\sigma^2}} \right)' dx$$

$$= \frac{-\sigma^2}{\sigma\sqrt{2\pi}} \left[r^3 e^{-\frac{r^2}{2\sigma^2}} \right]_{-\infty}^{\infty} + \frac{3\sigma^2}{\sigma\sqrt{2\pi}} \int_{-\infty}^{\infty} r^2 \left(e^{-\frac{r^2}{2\sigma^2}} \right)' dx$$

$$= 0 + 3\sigma^2 E[r^2]$$

$$= 3\sigma^4$$

また、デルタやガンマを数値計算するには、以下の近似式が用いられることが多い。

$$p'(x) \approx \frac{p(x+\Delta x) - p(x-\Delta x)}{2\Delta x} \tag{3.71}$$

$$p''(x) \approx \frac{p(x+\Delta x) - 2p(x) + p(x-\Delta x)}{(\Delta x)^2} \tag{3.72}$$

次に多変数の場合のガンマの組込みについて簡単に述べる。

ガンマを組み込んだ場合の、資産の価格変化幅 ΔP は、

$$\Delta P \approx \sum_{i=1}^{n} \frac{\partial P}{\partial x_i} \Delta x_i + \frac{1}{2}\left[\sum_{i=1}^{n}\sum_{j=1}^{n} \frac{\partial^2 P}{\partial x_i \partial x_j}(\Delta x_i \Delta x_j)\right]$$

と近似できる。$\delta_i \equiv \dfrac{\partial P}{\partial x_i}$, $\Gamma_{ij} \equiv \dfrac{\partial^2 P}{\partial x_i \partial x_j}$, $\Delta x_i \approx x_i r_i$ とおくと、

$$V[\Delta P] = V\left[\sum_{i=1}^{n} \delta_i x_i r_i + \frac{1}{2}\left\{\sum_{i=1}^{n}\sum_{j=1}^{n} \Gamma_{ij}(x_i r_i x_j r_j)\right\}\right]$$

$$= \sum_{j=1}^{n}\sum_{k=1}^{n} \delta_j \delta_k x_j x_k C(r_j, r_k) + \sum_{i=1}^{n}\sum_{j=1}^{n}\sum_{k=1}^{n} \delta_i \Gamma_{jk} x_i x_j x_k C(r_i, r_j r_k)$$

$$+ \frac{1}{4}\sum_{i=1}^{n}\sum_{j=1}^{n}\sum_{k=1}^{n}\sum_{i=1}^{n} \Gamma_{ij}\Gamma_{ki} x_i x_j x_k x_i C(r_i r_j, r_k r_i) \tag{3.73}$$

となり、$\mathrm{VaR} = 2.33\sqrt{V[\Delta P]}$ にこれを代入することで信頼水準99％VaRが計算される。

ここで、ガンマに相当する2階微分の項をみてみると、同じリスク・ファクターで2階微分した項（$i=j$）と、異なるリスク・ファクターで微分した項（$i \neq j$）がある。この異なるリスク・ファクターで微分した項のことを、**偏ガンマ**あるいは**クロス・ガンマ**と呼ぶこともある。

なお、ガンマを数値的に計算するには、通常のガンマは、

$$\Gamma_i \approx \frac{P(x_1, \cdots, x_i + \Delta x, \cdots, x_n) - 2P(x_1, \cdots, x_i, \cdots, x_n) + P(x_1, \cdots, x_i - \Delta x, \cdots, x_n)}{(\Delta x)^2}$$

$$\tag{3.74}$$

で計算される。一方、偏ガンマは、

$$\Gamma_{ij} \approx \frac{\delta_i(x_1, \cdots, x_i, \cdots, x_j + \Delta x, \cdots, x_n) - \delta_i(x_1, \cdots, x_i, \cdots, x_j - \Delta x, \cdots, x_n)}{2\Delta x}$$

$$= \frac{P(x_1, \cdots, x_i + \Delta x, \cdots, x_j + \Delta x, \cdots, x_n) - P(x_1, \cdots, x_i - \Delta x, \cdots, x_j + \Delta x, \cdots, x_n)}{4(\Delta x)^2}$$

$$+ \frac{P(x_1, \cdots, x_i + \Delta x, \cdots, x_j - \Delta x, \cdots, x_n) - P(x_1, \cdots, x_i - \Delta x, \cdots, x_j - \Delta x, \cdots, x_n)}{4(\Delta x)^2}$$

$$(3.75)$$

となる。

ここで、Black-Scholes モデルの各変数に関する導関数を参考までに以下に示す。その前に便利な関係式を1つ示す。なお、原資産の現在価格を S、オプションの行使価格を K で表す。

補題 3.1 ....

$$\hat{N}'(d_2) = \hat{N}'(d_1) \cdot \frac{S}{K} e^{rT} \tag{3.76}$$

証明 $\hat{N}(d_1)$ は標準正規分布関数であり、$\hat{N}(d_1)$ を d_1 に関して微分すると、標準正規分布の確率密度関数、

$$\hat{N}'(d_1) = \frac{1}{\sqrt{2\pi}} \exp\left(-\frac{1}{2} d_1^2\right)$$

となる。よって、

$$\hat{N}'(d_2) = \frac{1}{\sqrt{2\pi}} \exp\left(-\frac{1}{2}(d_1 - \sigma\sqrt{T})^2\right)$$

$$= \frac{1}{\sqrt{2\pi}} \exp\left(-\frac{1}{2} d_1^2\right) \exp(d_1 \sigma\sqrt{T}) \exp\left(-\frac{1}{2}\sigma^2 T\right)$$

$$= \hat{N}'(d_1) \exp(d_1 \sigma\sqrt{T}) \exp\left(-\frac{1}{2}\sigma^2 T\right)$$

ここで、d_1 の定義より、

$$d_1 \sigma \sqrt{T} = \log_e (S/K) + \left(r + \frac{1}{2} \sigma^2 \right) T$$

$$\therefore \quad \exp(d_1 \sigma \sqrt{T}) = (S/K) \cdot \exp(rT) \cdot \exp\left(\frac{1}{2} \sigma^2 T \right)$$

であるので、

$$\hat{N}'(d_2) = \hat{N}'(d_1) \cdot (S/K) \cdot e^{rT}$$

となる。

　以下、この関係式を利用して各変数に関する微分式を示す。なおプットに関しては、**プットコールパリティの関係式**、

$$C = P + S - Ke^{-rT} \tag{3.77}$$

を使った。

【例3.12】 ···

　ヘッジポートフォリオにより、プットコールパリティの関係式が常に成り立つことを示せ。

【解】　現時点0で、以下の2種類のポートフォリオを構築する。

（現時点）

(1)　ポートフォリオA：①プット・オプションを1単位購入

　　　　　　　　　　　②原資産（株式）を金額Sだけ購入

(2)　ポートフォリオB：①コール・オプションを1単位購入

　　　　　　　　　　　②金利rの無リスク預金に現金$K \cdot e^{-rT}$を預ける。

　このとき、現時点0での原資産（株式）価格をSとすると、

(1)　現時点0でのポートフォリオAの価値

$$V_A(0) = P + S$$

(2)　現時点0でのポートフォリオBの価値

$$V_B(0) = C + Ke^{-rT}$$

となる。次に、オプション満期 T での原資産（株式）価格を S_T とする。無リスク預金の残高には金利がついて $Ke^{-rT} \cdot e^{rT}$ となるので、オプション満期 T でのポートフォリオの価値は、それぞれ、

(1) オプション満期 T でのポートフォリオ A の価値

$$V_A(T) = \max\{K - S_T, 0\} + S_T = \max\{K, S_T\}$$

(2) オプション満期 T でのポートフォリオ B の価値

$$V_B(T) = \max\{S_T - K, 0\} + Ke^{-rT} \cdot e^{rT} = \max\{S_T, K\} = \max\{K, S_T\}$$

となる。オプション満期 T でのポートフォリオ価値は、

$$V_A(T) = \max\{K, S_T\} = V_B(T)$$

であり、ポートフォリオ A とポートフォリオ B の価値は等しい。裁定価格理論より、将来時点での価値が等しいものは、現時点での価値も等しいはずであるので、

$$V_A(0) = V_B(0)$$

であり、

$$P + S = C + Ke^{-rT}$$

が成立する。

　また、参考として Black-Scholes モデルから、プットコールパリティの関係を求めると次のようになる。

$\hat{N}(-x) = 1 - \hat{N}(x)$ という関係があるので、（3.60）式と（3.61）式から、

$$
\begin{aligned}
P &= -S\{1 - \hat{N}(d_1)\} + Ke^{-rT}\{1 - \hat{N}(d_2)\} \\
&= S\hat{N}(d_1) - Ke^{-rT}\hat{N}(d_2) - S + Ke^{-rT} \\
&= C - S + Ke^{-rT}
\end{aligned}
$$

が成立する。

(1) デルタ（株価に関する1次微分）

　コール・プレミアムのデルタを Δ_C、プット・プレミアムのデルタを Δ_P とすると、

$$\Delta_C \equiv \frac{\partial C}{\partial S}$$

$$= \hat{N}(d_1) + S \cdot \hat{N}'(d_1)\frac{\partial d_1}{\partial S} - Ke^{-rT} \cdot \hat{N}'(d_2)\frac{\partial d_2}{\partial S}$$

$$= \hat{N}(d_1) + S \cdot \hat{N}'(d_1)\frac{\partial d_1}{\partial S} - Ke^{-rT} \cdot \hat{N}'(d_1) \cdot (S/K) \cdot e^{rT}\frac{\partial d_1}{\partial S}$$

$$= \hat{N}(d_1) + S \cdot \hat{N}'(d_1)\frac{\partial d_1}{\partial S} - S \cdot \hat{N}'(d_1)\frac{\partial d_1}{\partial S}$$

$$= \hat{N}(d_1)$$

$$\Delta_P \equiv \frac{\partial P}{\partial S} = \frac{\partial C}{\partial S} - 1 = \hat{N}(d_1) - 1$$

で計算される。したがって、これら2つのデルタには、

$$\Delta_P = \Delta_C - 1$$

という関係がある。

(2) ガンマ（株価に関する2次微分）

コール・プレミアムのガンマをΓ_C、プット・プレミアムのガンマをΓ_Pとすると、

$$\Gamma_C \equiv \frac{\partial \Delta_C}{\partial S} = \frac{\partial}{\partial S}\hat{N}(d_1) = \hat{N}'(d_1)\frac{\partial d_1}{\partial S} = \hat{N}'(d_1) \cdot \frac{1}{S} \cdot \frac{1}{\sigma\sqrt{T}} = \frac{1}{S\sigma\sqrt{T}}\hat{N}'(d_1)$$

$$\Gamma_P \equiv \frac{\partial \Delta_P}{\partial S} = \frac{\partial}{\partial S}(\hat{N}(d_1) - 1) = \frac{1}{S\sigma\sqrt{T}}\hat{N}'(d_1)$$

よって、$\Gamma_C = \Gamma_P$となる。

(3) シータ（残存期間に関する微分にマイナス1を掛けたもの）

コール・プレミアムのシータをθ_C、プット・プレミアムのシータをθ_Pとすると、

$$\theta_C \equiv \frac{\partial C}{\partial T}$$

$$= -S \cdot \hat{N}'(d_1)\frac{\partial d_1}{\partial T} - rKe^{-rT} \cdot \hat{N}(d_2) + Ke^{-rT} \cdot \hat{N}'(d_2)\frac{\partial d_2}{\partial T}$$

$$= -S \cdot \hat{N}'(d_1)\frac{\partial d_1}{\partial T} - rKe^{-rT} \cdot \hat{N}(d_2)$$

$$+ Ke^{-rT} \cdot \hat{N}'(d_1) \cdot (S/K) \cdot e^{rT} \cdot \left\{ \frac{\partial d_1}{\partial T} - \frac{\sigma}{2\sqrt{T}} \right\}$$

$$= -S \cdot \hat{N}'(d_1)\frac{\partial d_1}{\partial T} - rKe^{-rT} \cdot \hat{N}(d_2) + S \cdot \hat{N}'(d_1) \cdot \frac{\partial d_1}{\partial T} - \frac{\sigma S}{2\sqrt{T}}\hat{N}'(d_1)$$

$$= -rKe^{-rT} \cdot \hat{N}(d_2) - \frac{\sigma S}{2\sqrt{T}}\hat{N}'(d_1)$$

$$\theta_P \equiv -\frac{\partial P}{\partial T} = -\frac{\partial C}{\partial T} + rKe^{-rT} = \theta_C + rKe^{-rT}$$

となる。なお、残存期間に関する微分にマイナス1を掛けているのは、残存期間は減少していくからである。また、T の単位は年であるので、これを残存日数1日当りの変化率で表し、以下の式を用いる場合もある。

$$\hat{\theta}_C = \frac{1}{365}\left\{ -rKe^{-rT} \cdot \hat{N}(d_2) - \frac{\sigma S}{2\sqrt{T}}\hat{N}'(d_1) \right\}$$

$$\hat{\theta}_P = \frac{1}{365}\{ \theta_C + rKe^{-rT} \}$$

(4) ベガ（ボラティリティに関する微分）

コール・プレミアムのベガを v_C、プット・プレミアムのベガを v_P とすると、

$$v_C \equiv \frac{\partial C}{\partial \sigma}$$

$$= S \cdot \hat{N}'(d_1) \frac{\partial d_1}{\partial \sigma} - Ke^{-rT} \cdot \hat{N}'(d_2) \frac{\partial d_2}{\partial \sigma}$$

$$= S \cdot \hat{N}'(d_1) \frac{\partial d_1}{\partial \sigma} - Ke^{-rT} \cdot \hat{N}'(d_1) \cdot (S/K) \cdot e^{rT} \cdot \left\{ \frac{\partial d_1}{\partial \sigma} - \sqrt{T} \right\}$$

$$= S\sqrt{T} \cdot \hat{N}'(d_1)$$

$$v_P \equiv \frac{\partial P}{\partial \sigma} = \frac{\partial C}{\partial \sigma} = S\sqrt{T} \cdot \hat{N}'(d_1)$$

よって、

$$v_C = v_P$$

となる。ただし、これは σ が1のとき100％を意味するが、実際には1％当りのプレミアムの変化量を示すほうが使いやすいので、

$$\hat{v}_C = \frac{1}{100} S\sqrt{T} \cdot \hat{N}'(d_1)$$

$$\hat{v}_P = \frac{1}{100} S\sqrt{T} \cdot \hat{N}'(d_1)$$

という式が利用されることもある。

(5) ロー（無リスク金利に関する微分）

コール・プレミアムのローを ρ_C、プット・プレミアムのローを ρ_P とすると、

$$\rho_C \equiv \frac{\partial C}{\partial r}$$

$$= S \cdot \hat{N}'(d_1) \frac{\partial d_1}{\partial r} + KTe^{-rT} \cdot \hat{N}(d_2) - Ke^{-rT} \cdot \hat{N}'(d_2) \frac{\partial d_2}{\partial r}$$

$$= S \cdot \hat{N}'(d_1) \frac{\partial d_1}{\partial r} + KTe^{-rT} \cdot \hat{N}(d_2) - Ke^{-rT} \cdot \hat{N}'(d_1) \cdot (S/K) \cdot e^{rT} \frac{\partial d_1}{\partial r}$$

$$= KTe^{-rT} \cdot \hat{N}(d_2)$$

$$\rho_P \equiv \frac{\partial P}{\partial r} = \frac{\partial C}{\partial r} - KTe^{-rT} = \rho_C - KTe^{-rT}$$

で計算される。ただし、これは r が 1 のとき100％を意味する。実際には 1 ％当りのプレミアムの変化量を示すほうが使いやすいので、

$$\hat{\rho}_C \equiv \frac{1}{100} KTe^{-rT} \cdot \hat{N}(d_2)$$

$$\hat{\rho}_P = \frac{1}{100} \{\rho_C - KTe^{-rT}\}$$

が利用される場合もある。

演習3.4 ·······

　Excelを用いて、Black-Scholesモデルによる株式オプションのコール・プレミアム、プット・プレミアム、この節で述べたリスク指標を計算するプログラムを作成せよ。

[解]　Excelには、標準正規累積分布関数を計算するNORM. S. DIST関数が用意されている。

	B	C	D	E	F	G	H	I	J
4	条件入力			d1	0.316667		リスク指標	コール	プット
5	現在の株価	100.00		d2	0.016667		デルタ (Δ)	0.624252	0.375748
6	行使価格	100.00		N(d1)	0.624252		ガンマ (Γ)	0.012648	0.012648
7	満期までの期間(年)	1		N(d2)	0.506649		シータ (θ)	-0.022195	-0.009165
8	無リスク金利 (％)	5.00		N(-d1)	0.375748		ベガ (ν)	0.379433	0.379433
9	ボラティリティ(％)	30.00		N(-d2)	0.493351		ロー (ρ)	0.481939	-0.469290
10									
11				N′(d1)	0.379433				
12	コール・プレミアム	14.23124							
13	プット・プレミアム	9.35419							

① 　条件設定画面を作成する。

② 現在の株価の値をセルC5、行使価格の値をセルC6、満期までの期間（年数）の値をセルC7、無リスク金利の値をセルC8、ボラティリティの値をC9に入力する。

③ セルF4に =(LN($C$5/$C$6)+(($C$8/100)+0.5*(($C$9/100)^2))*$C$7)/(($C$9/100)*SQRT($C$7)) と入力し、d_1 の値を計算する。Excelでは対数の関数は以下のように定義されている。

    LN（数値）　　　　：自然対数

    LOG（数値, 底）：指定された底の対数

    LOG10（数値）　：常用対数（底が10の対数）

    ただし、Excel-VBAでは、

    LOG（数値）　　　：自然対数

で定義されており、指定された底の対数を計算するには、

    LOG（数値）／LOG（底）

の形で計算しなければならないので注意が必要である。

④ セルF5に =(LN($C$5/$C$6)+(($C$8/100)-0.5*(($C$9/100)^2))*$C$7)/(($C$9/100)*SQRT($C$7)) と入力し、d_2 の値を計算する。

⑤ セルF6に =NORM.S.DIST($F$4,1)、F7に =NORM.S.DIST($F$5,1)、F8に =NORM.S.DIST(-$F$4,1)、F9に =NORM.S.DIST(-$F$5,1) と入力し、$\hat{N}(d_1), \hat{N}(d_2), \hat{N}(-d_1), \hat{N}(-d_2)$ の各値を計算する。

⑥ セルC12に =$C$5*$F$6-$C$6*EXP(-($C$8/100)*$C$7)*$F$7 と入力し、コール・プレミアムの値を計算する。

⑦ セルC13に =-$C$5*$F$8+$C$6*EXP(-($C$8/100)*$C$7)*$F$9 と入力し、プット・プレミアムの値を計算する。

⑧ セルF11に =1/(SQRT(2*PI()))*EXP(-0.5*($F$4^2)) と入力し、$\hat{N}'(d_1)$ の値を計算する。

⑨ セルI5に =$F$6 と入力し、コール・プレミアムのデルタ Δ_C の値を計算する。

⑩ セルJ5に =$F$6-1 と入力し、プット・プレミアムのデルタ Δ_P の値を計算する。

⑪ セルI6に =1/($C$5*($C$9/100)*SQRT($C$7))*$F$11 と入力し、コール・プレミアムのガンマ Γ_C の値を計算する。

⑫ セルJ6に =1/($C$5*($C$9/100)*SQRT($C$7))*$F$11 と入力し、プット・プレミアムのガンマ Γ_P の値を計算する。

⑬ セルI7 に =1/365*(-($C$8/100)*$C$6*EXP(-($C$8/100)*$C$7)*$F$7-(($C$9/100)*$C$5)/(2*SQRT($C$7))*$F$11) と入力し、コール・プレミアムのシータ θ_C の値を計算する。

⑭ セルJ7 に =1/365*($I$7*365+$C$6*($C$8/100)*EXP(-($C$8/100)*$C$7)) と入力し、プット・プレミアムのシータ θ_P の値を計算する。

⑮ セルI8に =1/100*$C$5*SQRT($C$7)*$F$11 と入力し、コール・プレミアムのベガ v_C の値を計算する。

⑯ セルJ8に =1/100*$C$5*SQRT($C$7)*$F$11 と入力し、プット・プレミアムのベガ v_P の値を計算する。

⑰ セルI9に =1/100*$C$6*$C$7*EXP(-($C$8/100)*$C$7)*$F$7 と入力し、コール・プレミアムのロー ρ_C の値を計算する。

⑱ セルJ9に =1/100*($I$9*100-$C$7*$C$6*EXP(-($C$8/100)*$C$7)) と入力し、プット・プレミアムのロー ρ_P の値を計算する。

演習3.5

株価コール・オプションを1単位売持ちしたとき、

① Black-Scholes モデルによるVaR

② デルタ法によるVaR

③ ガンマを加えたVaR

を計算するプログラムを、演習3.4を流用して作成せよ。なお、現在の株価は市場で与えられるものとし、ボラティリティの値はインプライド・ボラ

ティリティ$\hat{\sigma}$（日次）を用いるものとする。また、原資産価格の変動幅Δx_αは、$\hat{\sigma}$を用いて、

$$\Delta x_\alpha \approx 2.33x\hat{\sigma}$$

で計算するものとする。

さらに、行使価格が$K=100$、Black-Scholesモデルを適用した場合のインプライド・ボラティリティが$\hat{\sigma}=5\%$、無リスク金利が$r=5\%$で与えられているとき、残存期間を1、30、60、90、120（日）、現在の株価を95（アウト・オブ・ザ・マネー）、100（アット・ザ・マネー）、105（イン・ザ・マネー）と変化させた場合のVaRの一覧表を作成し、その内容を分析せよ。

[解] コール・オプションを1単位売持ちしているので、価格関数が単調減少関数であることに注意する。

① 条件設定画面を作成する。

	B	C	D	E	F	G	H	I	J	K	L
							デルタ(Δ)	ガンマ(Γ)			
4	条件入力										
5	現在の株価(x)	100.00			p(x)	p(x+Δx)	p'(x)	p''(x)	VaR	VaR_Δ	VaR_Γ
6	行使価格	100.00		コール	-5.283	-16.528	-0.847	-0.047	11.245	9.871	10.061
7	満期までの期間(日)	1		d1	1.025	3.229					
8	無リスク金利(%)	5.00		d2	0.975	3.179					
9	インプライド・ボラティリティ(%)	5.00		N(d1)	0.847	0.999					
10				N(d2)	0.835	0.999					
11	Δx	11.65		N'(d1)	0.236	0.002					

② 現在の株価の値をセルC5、行使価格の値をセルC6、満期までの期間（年数）の値をセルC7、無リスク金利の値をセルC8、インプライド・ボラティリティの値をC9に入力する。

③ セルC11に =2.33*C5*C9/100 と入力し、Δx_αの値を計算する。

④ セルF7に =(LN(C5/C6)+((C8/100)+0.5*((C9/100)^2))*C7)/((C9/100)*SQRT(C7)) と入力し、d_1の値を計算する。

⑤ セルF8に =(LN(C5/C6)+((C8/100)-0.5*((C9/100)^2))*C7)/

((C9/100)*SQRT(C7)) と入力し、d_2 の値を計算する。

⑥　セルF9に =NORM.S.DIST(F7,1)、F10に =NORM.S.DIST(F8,1) と入力し、$\hat{N}(d_1)$, $\hat{N}(d_2)$ の各値を計算する。

⑦　セルF11に =1/(SQRT(2*PI()))*EXP(−0.5*(F7^2)) と入力し、$\hat{N}'(d_1)$ の値を計算する。

⑧　セルF6に =−(C5*F9−C6*EXP(−(C8/100)*C7)*F10) と入力し、コール・プレミアムの値を計算する。

⑨　セルG7に =(LN((C5+C11)/C6)+((C8/100)+0.5*((C9/100)^2))*C7)/((C9/100)*SQRT(C7)) と入力し、$x+\Delta x_a$ に対応した d_1 の値を計算する。

⑩　セルG8に =(LN((C5+C11)/C6)+((C8/100)−0.5*((C9/100)^2))*C7)/((C9/100)*SQRT(C7)) と入力し、$x+\Delta x_a$ に対応した d_2 の値を計算する。

⑪　セルG9に =NORMSDIST(G7)、G10に =NORMSDIST(G8) と入力し、$x+\Delta x_a$ に対応した $\hat{N}(d_1)$, $\hat{N}(d_2)$ の各値を計算する。

⑫　セルG6に =−((C5+C11)*G9−C6*EXP(−(C8/100)*C7)*G10) と入力し、$x+\Delta x_a$ に対応したコール・プレミアムの値を計算する。

⑬　セルH6に =−F9 と入力しデルタ $p'(x)$ の値を計算する。

⑭　セルI6に =−1/(C5*(C9/100)*SQRT(C7))*F11 と入力しガンマ $p''(x)$ の値を計算する。

⑮　セルJ6に =F6−G6 と入力しBlack-Scholesモデルによる VaR の値を計算する。

⑯　セルK6に =ABS(H6)*2.33*C5*(C9/100) と入力しデルタ法による VaR の値を計算する。

⑰　セルL6に =2.33*SQRT((H6^2)*(C5^2)*((C9/100)^2)+0.5*(I6^2)*(C5^4)*((C9/100)^4)) と入力しガンマを加えた VaR の値を計算する。

残存期間と現在の株価を変化させた場合のVaRを一覧にすると、次のような表が得られる。

アウト・オブ・ザ・マネー（x=95）

残存期間	p(x)	p(x+Δx)	p´(x)	p´´(x)	VaR	VaR_Δ	VaR_Γ
1	-1.835	-10.971	-0.500	-0.084	9.135	5.530	6.350
30	-72.687	-83.754	-1.000	0.000	11.067	11.067	11.067
60	-90.021	-101.089	-1.000	0.000	11.068	11.068	11.068
90	-93.889	-104.957	-1.000	0.000	11.068	11.068	11.068
120	-94.752	-105.820	-1.000	0.000	11.068	11.068	11.068

アット・ザ・マネー（x=100）

残存期間	p(x)	p(x+Δx)	p´(x)	p´´(x)	VaR	VaR_Δ	VaR_Γ
1	-5.283	-16.528	-0.847	-0.047	11.245	9.871	10.061
30	-77.687	-89.337	-1.000	0.000	11.650	11.650	11.650
60	-95.021	-106.671	-1.000	0.000	11.650	11.650	11.650
90	-98.889	-110.539	-1.000	0.000	11.650	11.650	11.650
120	-99.752	-111.402	-1.000	0.000	11.650	11.650	11.650

イン・ザ・マネー（x=105）

残存期間	p(x)	p(x+Δx)	p´(x)	p´´(x)	VaR	VaR_Δ	VaR_Γ
1	-8.459	-31.454	-0.770	-0.029	22.996	18.831	19.551
30	-52.467	-75.712	-0.928	-0.002	23.245	22.695	22.699
60	-75.811	-99.873	-0.977	-0.001	24.062	23.908	23.908
90	-88.822	-113.149	-0.992	0.000	24.326	24.277	24.277
120	-96.060	-120.476	-0.997	0.000	24.416	24.399	24.399

　特徴としては、ガンマを組み込むことで、全体的な精度が向上する傾向がみられる。しかし、ガンマはデルタよりも原資産の価格変動の影響を受けやすい（残存期間が短くなると大きくなる）ので取扱いに十分留意する必要がある。

3.6　CVaRとは

　VaRは、一定の確率α（信頼水準$(1-\alpha)\times100$％）で生じる可能性のある最大損失額を表現したものであった。これに対し、**CVaR**（Conditional Value at Risk）は、「期待ショートフォール」「テールロス」とも呼ばれ、将来の一定期間において、ポートフォリオの損失額がVaR以上になるという条件での損失額の期待値を表している。CVaRは期待値であるので、たとえば1％未満の発生確率のなかでも特に大きなテールリスクの影響も加味していることになるため、VaRと比較しより保守的な値となる。

　（1.3）式で示したVaRの式に対し、資産価値 $V(t+\Delta t)$ が確率変数 X で表され、確率変数 X の密度関数を $f(x)$、分布関数を $F(x)$ で表すものとする。信頼水準 $(1-\alpha)\times100$ ％VaR は、

$$P\{X<a\} = F(a) = \int_{-\infty}^{a} f(x)dx = \alpha$$

の a として求められる。CVaRは、区間 $-\infty \le x \le a$ の確率変数 X の期待値であるので、

$$CVaR = \int_{-\infty}^{a} x \cdot f(x)dx$$

となる。

3.7　ま と め

　この章では、VaRの基本概念と、デルタ法、ガンマの組込みなどによるリスク量の評価手法について検討した。デルタ法を用いる利点は、分散共分散が日々のデータによって大きく変動しないことを前提とすれば、一度計算しておいた分散共分散と、日々の資産価格の時価から、VaRの計算ができる点でモンテカルロ・シミュレーションなどと比較すると簡易に算出可能ということである。しかし、この手法では収益率が正規分布に従うと仮定している。実際の市場データからは、正規分布で説明される以上の損失が発生する場合があることが示されており、デルタ法によるVaRの評価ではリスクを適正に評価できていない可能性がある。そこで、過去データによる収益率の分

布をそのまま使いたいという要望が発生することになるが、これについては
ヒストリカル法、ヒストリカル・シミュレーションのところで解説する。

　実際の収益率データを眺めてみると、正規分布よりも裾が厚く（ファッ
ト・テール）、尖りの大きい分布であることが多い。裾の厚い分布には、ロ
ジスティック分布やコーシー分布、混合正規分布等がある。

ロジスティック分布

$$f(x) = \frac{\exp(-x)}{(1 + \exp(-x))^2}, \quad F(x) = \frac{1}{1 + \exp(-x)}$$

コーシー分布

$$f(x) = \frac{1}{\pi(x^2 + 1)}$$

混合正規分布

$$f(x) = \lambda \cdot n(x; \mu_1, \sigma_1^2) + (1 - \lambda) \cdot n(x; \mu_2, \sigma_2^2), \quad 0 \leq \lambda \leq 1$$

　　ただし、$n(x; \mu, \sigma^2)$ は、平均 μ、標準偏差 σ の正規分布の密度関数

　いずれの分布型を選んだ場合にも、VaRの計測はこれまでと同様の方法で
可能である。まず、仮定する分布型の分布関数を $F(x)$、密度関数を $f(x)$ と
する。

① パラメータ推定（当てはめ）

　ロケーション・パラメータを m、スケール・パラメータを s とし、確率
変数（あるいは無作為標本）が従う分布関数を、

$$G(x) = F\left(\frac{x - m}{s}\right)$$

と仮定し、最尤法などでパラメータを推定する。すなわち、$G(x)$ を x につ
いて微分したもの（密度関数）を $g(x; m, s)$ と書くこととすると、

$$g(x; m, s) = \frac{1}{s} f\left(\frac{x - m}{s}\right)$$

得られた標本データ $x_1, x_2, \cdots, x_n$ に対し、

$$\prod_{i=1}^{n} g(x_i; m, s)$$

が最大となる m, s を求めればよい。

② パーセント点推定

$G^{-1}(\alpha)$ が $\alpha \times 100$ パーセント点の推定値となる。

VaRの計測にはさまざまな方法があり、それぞれに特徴がある。リスクを評価するには、これらをふまえたうえで総合的に判断することが求められる。

第 4 章

ヒストリカル・
シミュレーションによる
VaRとCVaRの評価

4.0 はじめに

VaR評価モデルにはさまざまなバリエーションがあり、それぞれに長所と短所がある。したがって、評価対象となるポートフォリオの性質を考慮したうえで、適切な評価モデルを選定する必要がある。たとえばデルタ法では、分散共分散行列でリスクを合成するため、正規性の制約を強く受ける。正規性が仮定できる場合には、計算負荷が小さく、理論的にも理解しやすいことから実務で広く用いられている。しかし、リスク・ファクターの実データは正規分布に従うと仮定できないことが多く、こうした場合には推定誤差が大きくなることもある。

過去データから得られる経験分布に基づいてVaR計測を行う手法は、一般的にヒストリカル法と呼ばれている。これは、リスク・ファクターに特定の分布形を仮定せず、ノン・パラメトリックな方法でパーセント点を推定する方法である。リスク・ファクターの収益率の過去データを、現在のリスク・ファクターに乗ずることによって、一定期間後のリスク・ファクター値のサンプルをつくることができる。これを使って資産を再評価することにより一定期間後の資産評価値のサンプルが得られる。ヒストリカル法の大前提として、リスク・ファクターの収益率はi.i.d.、すなわち収益率の過去データは真の分布からの無作為標本とみなせるということが仮定されていることに注意する必要がある。一方、こうして得たサンプルからVaR値を計測すると、非線型リスクも比較的正確に計測できるメリットがある。

4.1 ヒストリカル法

過去に発生したことが今後も同じ確率で起こると仮定し、過去データから算出される価格変動の分布を直接用いてVaRを求める手法である。この方法は、構造がきわめて簡単であり、正規性などの統計的な検証作業も不要であ

るというメリットがある。**ヒストリカル法**では、過去の収益率の系列からシミュレーションを行うことなしにVaRを計算する。ここで、1資産からなるポートフォリオと、複数資産からなるポートフォリオについて、それぞれのVaRを計測する手法について解説する。

(1) 1つのリスク・ファクターからなるポートフォリオのVaRとCVaR

現時点を 0 とし、リスク・ファクター毎に T 期間前までの収益率の系列が過去に遡って、

$$\mathbf{r} = (r(0) \quad r(-1) \quad \cdots \quad r(-T+1))$$

で与えられているものとする。ただし、この収益率はVaRの計測期間と一致しているものとする。この系列を、収益率の小さい順番に並び替え、その系列を、

$$\hat{\mathbf{r}} = (\hat{r}(1) \quad \hat{r}(2) \quad \cdots \quad \hat{r}(T))$$

で表す。たとえば、期間 T が250日である場合には、収益率が最も小さいデータ $\hat{r}(1)$ は 0 ～0.4%（$1 \div 250 = 0.004$）を代表する値であり、その中心の値である0.2%（$(0\% + 0.4\%)/2 = 0.2\%$）のことを**階級値**と呼ぶ。同様に、収益率が 2 番目に小さいデータ $\hat{r}(2)$ は0.4～0.8%（$2 \div 250 = 0.008$）を代表する値であり階級値は0.6%（$(0.4\% + 0.8\%)/2 = 0.6\%$）、3 番目に小さいデータ $\hat{r}(3)$ は0.8～1.2%（$3 \div 250 = 0.012$）を代表する値であり階級値は1.0%（$(0.8\% + 1.2\%)/2 = 1.0\%$）となる。信頼水準99％のVaRを計算するには、この階級値を用いて、その値が 1 ％の収益率をVaRとすればよい。したがって、250日のヒストリカル・データを用いて信頼水準99％のVaRを計測するには、階級値が 1 ％となるデータ、すなわち収益率を小さい順に並び替えて 3 番目の階段にある収益率をもってVaRとする。

信頼水準99％のVaR $= \hat{r}(3)$　　　　　　　　　　　　　（4.1）

ヒストリカルCVaRは期待値となるので、

$$信頼水準99\%のCVaR = \frac{1}{3}\sum_{t=1}^{3}\hat{r}(t) \tag{4.2}$$

で計算される。

(2) 複数のリスク・ファクターからなるポートフォリオのVaRと CVaR

現時点を0とし、n個のリスク・ファクター毎にT期間前までの収益率の系列が、

$$\mathbf{R} = \begin{pmatrix} r_1(0) & r_1(-1) & r_1(-2) & \cdots & r_1(-T+2) & r_1(-T+1) \\ r_2(0) & r_2(-1) & r_2(-2) & \cdots & r_2(-T+2) & r_2(-T+1) \\ \vdots & \vdots & \vdots & \ddots & \vdots & \vdots \\ r_n(0) & r_n(-1) & r_n(-2) & \cdots & r_n(-T+2) & r_n(-T+1) \end{pmatrix} \tag{4.3}$$

で与えられているものとする。ある時点jの1組のリスク・ファクターの収益率の系列を、

$$\mathbf{R}(j) = \begin{pmatrix} r_1(j) \\ r_2(j) \\ \vdots \\ r_n(j) \end{pmatrix} \quad j \in \{0, -1, -2, \cdots, -T+2, -T+1\} \tag{4.4}$$

で表す。個々のリスク・ファクターのウエイトを、

$$\mathbf{S} = \begin{pmatrix} s_1 \\ s_2 \\ \vdots \\ s_n \end{pmatrix} \tag{4.5}$$

とすると、ある時点jでの収益$p(j)$は、

$$p(j) = \mathbf{S}^{\mathrm{T}}\mathbf{R}(j) \tag{4.6}$$

で計算できる。ここで、リスク・ファクターが1個の場合と同様に、この系列を収益率の小さい順番に並び替え、その系列を、

$$\hat{\mathbf{p}} = (\hat{p}(1) \quad \hat{p}(2) \quad \cdots \quad \hat{p}(T))$$

で表す。250日のヒストリカル・データを用いて信頼水準99％のVaRを計測するには、階級値が1％となるデータから、

$$信頼水準99\%のVaR = \hat{p}(3) \tag{4.7}$$

$$信頼水準99\%のCVaR = \frac{1}{3}\sum_{t=1}^{3}\hat{p}(t) \tag{4.8}$$

で計算すればよい。

....

演習2.1で求めた日次対数収益率の基本統計量を求める手順から、日次対数収益率の信頼水準95%のVaRをヒストリカル法によって求めよ。

〈ヒント〉 データ数は558件であるので、$558 \times 0.05 = 27.9$である。下から27番目のデータは$27/558 = 0.0484$、下から28番目のデータは$28/558 = 0.0502$である。ここでは保守性を前提に27番目のデータをヒストリカルVaRとする。図4.1の「基本統計量」のメニューで、最下位にある、k番目に小さな値（M）にチェックを入れ、階級値27を指定する。

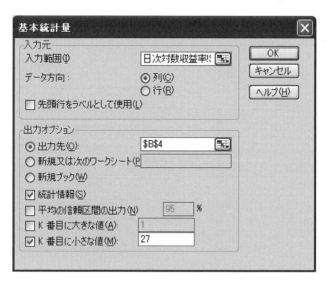

図4.1　基本統計量のメニュー

　確率変数 X の分布関数を $F(x)$ とし、m 個の無作為標本を $X_1, X_2, \cdots, X_m$ とする。この標本を大きさの順に並び替えたものを $\hat{X}_1 \leq \hat{X}_2 \leq \cdots \leq \hat{X}_m$ とする。任意の X に対して x 以下の個数の割合を、

$$\frac{\#\{\hat{X}_i \leq x\}}{m}, \quad i = 1, 2, \cdots, m$$

と表記し、これを対応させた関数、

$$G(x) = \frac{\#\{\hat{X}_i \leq x\}}{m} \tag{4.9}$$

を**経験分布**という。$\#\{\hat{X}_i \leq x\}$ は、$\{\hat{X}_i \leq x\}$ を満たしている標本の数を意味している。この経験分布関数 $G(x)$ のイメージは図4.2のようになる。

　経験分布関数 $G(x)$ は、各データ点 $\hat{X}_i$ で $1/m$ だけジャンプした階段関数（step function）となり、分布関数の性質を有している。

　経験分布は1対1で対応する関数ではない（狭義単調増加ではない）の

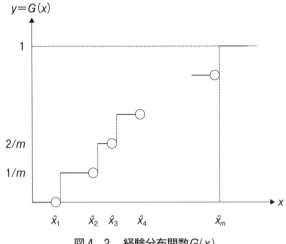

図4.2　経験分布関数 $G(x)$

で、単純に$\alpha \times 100$パーセント点を、$G^{-1}(\alpha)$のように表すことはできないが、経験分布に基づいて$\alpha \times 100$パーセント点を推定することができる。たとえば、

① $\dfrac{i-1}{m} < \alpha \le \dfrac{i}{m}$ のとき$\alpha \times 100$パーセント点を$\hat{X}_i$とする $(i = 1, 2, \cdots, m)$。

② $\dfrac{i-0.5}{m} < \alpha \le \dfrac{i+0.5}{m}$ のとき、$\alpha \times 100$パーセント点を、αと$\hat{X}_i$と、$\hat{X}_{i+1}$

との跡離の比率、

$$\alpha - \frac{i-0.5}{m} : \frac{i+0.5}{m} - \alpha$$

で按分した点とする $(i = 1, 2, \cdots, m-1)$。

などの方法が考えられる。

4.3 順序統計量と真の分布のパーセント点との関係

経験分布の考え方を使うと**順序統計量**を使ってパーセント点を推定することができる。ここで、順序統計量と真の分布のパーセント点との関係をみてみよう。

m個の無作為標本$X_1, X_2, \cdots, X_m$のj番目の順序統計量を$\hat{X}_j$とすると（$\hat{X}_j$は確率変数）、定義より、

$$\hat{X}_1 \le \hat{X}_2 \le \cdots \le \hat{X}_m$$

となる。ここで、j番目の値$\hat{X}_j$が真の分布$F(x)$の何パーセント点であるかという値をF_jと書くことにする。すなわち、

$$F_j \equiv F(\hat{X}_j) = P\{X \le \hat{X}_j\}$$

このとき、$\hat{X}_j$は確率変数であるからF_jも確率変数である。ここで、F_jの期待値を計算してみよう。

···

　分布関数 $F(x)$ の無作為標本 Y に対して、確率変数 $F(Y)$ は一様分布に従う。

証明　$F(Y)$ は定義より、$[0,1]$ に値をとる確率変数である。

　任意の $p \in [0,1]$ に対して、関数 $F(Y)$ は単調非減少であるので、

$$F(Y) \leq p \Leftrightarrow Y \leq F^{-1}(p)$$

となる。したがって、

$$P\{F(Y) \leq p\} \Leftrightarrow P\{Y \leq F^{-1}(p)\}$$

が得られる。分布関数 $F(x)$ の定義より、

$$P\{Y \leq F^{-1}(p)\} = F(F^{-1}(p)) = p$$

であるので、

$$P\{F(Y) \leq p\} = p$$

となり、確率変数 $F(Y)$ は一様分布に従うことが確認される。なお、$F^{-1}(p)$ は、p の逆関数を表す。

　すべての $x < y$ に対して $F(X) < F(Y)$ が成立するとき F を**増加関数**と呼ぶ。分布関数は**単調**に増加する関数であり、１つの x には１つの y しか対応していないので、F の逆の対応、すなわち F を x に対応づける関数を考えることができる。この関数を F の**逆関数**と呼び F^{-1} と書く。関係式 $p = F(Y)$ に対して、逆関数による関係式は $Y = F^{-1}(p)$ と表される。

　補題４.１により、各 $F(X_j)$ はすべて一様分布に従う。一方、$F_j \equiv F(\hat{X}_j)$ の分布関数 $P_j(x) = P\{F_j \leq x\}$ と、密度関数 $p_j(x)$ は、以下の定理で与えられる。

補題４.２ ···

$$P_j(x) = \sum_{k=j}^{m} {}_m C_k \cdot x^k \cdot (1-x)^{m-k} \tag{4.10}$$

$$p_j(x) = j \cdot {}_mC_j \cdot x^{j-1} \cdot (1-x)^{m-j} \qquad (4.11)$$

証明 F_j の定義と分布関数 $F(X)$ の単調性より、F_j は $\{F(X_1), F(X_2), \cdots, F(X_m)\}$ のうち、j 番目に小さいものを意味する。したがって、事象 $\{F_j \leq x\}$ は、「$\{F(X_1), F(X_2), \cdots, F(X_m)\}$ のなかに x 以下の値となるものが j 個以上ある」という事象と一致する。補題 4.1 より各 $F(X_j)$ が一様分布に従うことをふまえると、

$$
\begin{aligned}
P_j(x) &= P\{F_j \leq x\} \\
&= P\{\{m \text{ 個のうち } j \text{ 個の } F(X_i) \text{ が } x \text{ 以下}\} \\
&\quad \cup \{m \text{ 個のうち } j+1 \text{ 個の } F(X_i) \text{ が } x \text{ 以下}\} \\
&\quad \cup \cdots \cup \{m \text{ 個のうち } m \text{ 個の } F(X_i) \text{ が } x \text{ 以下}\}\} \\
&= \sum_{k=j}^{m} {}_mC_k \cdot x^k \cdot (1-x)^{m-k}
\end{aligned}
$$

が得られる。密度関数 $p_j(x)$ は、分布関数 $P_j(x)$ を微分して、

$$
\begin{aligned}
p_j(x) &= \frac{d}{dx} P_j(x) \\[2mm]
&= \sum_{k=j}^{m} \frac{m!}{k!(m-k)!} k x^{k-1} (1-x)^{m-k} - \sum_{k=j}^{m-1} \frac{m!}{k!(m-k)!}(m-k)x^k(1-x)^{m-k-1} \\[2mm]
&= \sum_{k=j}^{m} \frac{m!}{(k-1)!(m-k)!} x^{k-1}(1-x)^{m-k} - \sum_{k=j}^{m-1} \frac{m!}{k!(m-k-1)!} x^k(1-x)^{m-k-1} \\[2mm]
&= \sum_{k=j}^{m-1} \frac{m!}{k!(m-k-1)!} x^k(1-x)^{m-k-1} - \sum_{k=j}^{m-1} \frac{m!}{k!(m-k-1)!} x^k(1-x)^{m-k-1} \\[2mm]
&= \frac{m!}{(j-1)!(m-j)!} x^{j-1}(1-x)^{m-j} \\[2mm]
&= \frac{m!}{j!(m-j)!} j x^{j-1}(1-x)^{m-j} \\[2mm]
&= j \cdot {}_mC_j \cdot x^{j-1}(1-x)^{m-j} \\[2mm]
&= m \cdot {}_{m-1}C_{j-1} \cdot x^{j-1}(1-x)^{m-j} \qquad (4.12)
\end{aligned}
$$

となる。

補題4.3 ....

$$E[F_j] = \frac{j}{m+1} \qquad\qquad (4.13)$$

である。

証明 補題4.2の（4.11）式より、

$$E[F_j] = \int_0^1 x p_j(x) dx = \int_0^1 j \cdot {}_m C_j \cdot x^j (1-x)^{m-j} dx$$

である。この式に部分積分を繰返し行うと、

$$\int_0^1 x^j (1-x)^{m-j} dx = \frac{j!(m-j)!}{(m+1)!}$$

であるので、

$$E[F_j] = \frac{j}{m+1}$$

が得られる。

補題4.4 ....

$$V[F_j] = \frac{(m+1)j - j^2}{(m+1)^2 (m+2)} \qquad\qquad (4.14)$$

である。

証明 補題4.3の証明と同様の計算により、

$$E[F_j^2] = \frac{j(j+1)}{(m+1)(m+2)}$$

が得られる。したがって、確率水準 $\frac{j}{m+1}$ の分散は、

$$V[F_j] = E[F_j^2] - [E[F_j]]^2 = \frac{(m+1)j - j^2}{(m+1)^2(m+2)}$$

となる。

　補題4.3は、あくまでF_jの期待値が$\dfrac{j}{m+1}$であるということであって、

$\hat{X}_j$の期待値が真の分布$F(x)$の$\dfrac{j}{m+1} \times 100$パーセント点である、すなわち

$\hat{X}_j$が$\dfrac{j}{m+1} \times 100$パーセント点の不偏推定量になっているということではな

いということに注意する。

　しかし、真の分布の$\alpha \times 100$パーセント点を推定したいとき、$j = (m+1)\alpha$
を満たす(j, m)の組合せを考え、mを限りなく大きくすると補題4.4から
F_jの分散は限りなく小さくなることがわかる。このことは、mを限りなく
大きくするとある意味で$\hat{X}_j$が真の分布の$\alpha \times 100$パーセント点に収束するこ
とを意味する。この考察の結果から、$j = (m+1)\alpha$を満たす(j, m)の組合せ
に関して、m個の無作為標本から得られるj番目の順序統計量は不偏では
ないが$\alpha \times 100$パーセント点のよい推定量であると考えられる。

4.4　ヒストリカル法によるVaR計測の基本

　保有資産の現在価値Vが、リスク・ファクターXの関数として、$V = V(X)$により評価されているとする。Xの保有期間に対応する（単利）収益率rにi.i.d.を仮定すると、収益率のT個の過去データ$r(0), r(-1), \cdots, r(-T+1)$は、真の分布からの無作為標本となる。したがって、現在のリスク・ファクター値$X(0)$に対して、得られたそれぞれの収益率標本を乗ずることにより、リスク・ファクターの将来値の標本を得る。すなわち、

$$Y_i = X(0)(1 + r(1-i)) , \quad i = 1, 2 \cdots, T$$

もしくは、対数収益率 $\hat{r}$ を用いて、

$$Y_i = X(0)\exp(\hat{r}(1-i))$$

とおくと、$Y_1, Y_2, \cdots, Y_T$ はリスク・ファクターの1期間保有後の標本となる。ここで、Y_i はリスク・ファクターの過去データ $X(1-i)$ ではないことに注意する。

　これを使って、保有資産の1期間保有後の価値の標本が得られる。すなわち、

$$V(Y_i) - V(X(0))$$

は、保有資産から得られる1期間保有後の収益額の標本である。この標本から得られる経験分布に基づいてパーセント点を求めるのが、ヒストリカル法によるVaR計測の基本である。また、リスク・ファクターが複数ある場合も同様である。

　過去データの数が十分でない場合には、サンプルの数を増加させるための方法がいくつか考えられる。その1つは、ある収益率データを取り出し、そのデータが上昇することを意味している場合には、同率で下落するデータを擬似的につくり出すというものである。そうすれば、元のデータとあわせて $2T$ 個の標本が用意できる。しかし、この方法では、左右対称の分布となるため、平均0、歪度0となり、本来の過去の実際の分布を利用するというヒストリカル・シミュレーションのねらいが失われることにはなる。

　ヒストリカル・シミュレーション法とは、リスク・ファクターの価格変動に特定の分布を仮定せず、過去の実現値をそのまま用いるノン・パラメトリックなVaRの計測方法である。そのため、モンテカルロ・シミュレーション法のように、リスク・ファクターの価格変動になんらかの分布（確率過程）を仮定する必要もなく、分布の裾野が厚いというような実データの特性も生かすことが可能である。なお、ヒストリカル・シミュレーションの定義は過去データの扱い方によってさまざまであるが、一般には、これから述べ

るブートストラップ法を指している場合が多い。

4.5　ブートストラップ（Bootstrap）法

　B. Efron（1982）により提唱された、少ないヒストリカル・データを有効に使うことを目的として開発された手法である。この手法では、ヒストリカル・データのなかから重複を許して無作為に抽出したデータ・セットをつくり出し、それらの複数のデータ・セットを用いて分析を行う。一般に、つくり出すデータ・セットのデータ数 m とヒストリカル・データのデータ数 n とを同じ数にセットする。

　ここで、**ブートストラップ法**の概念について解説する。ブートストラップ法は、推定量の分散、バイアス（bias、偏り）、分布をノン・パラメトリック法の枠組みのなかで計算する一般的な方法である。莫大な量の数値計算が必要となるが、コンピュータの発達とともに有効性と重要性が増大してきた手法の１つである（他にはJackknife法などが知られている）。ノン・パラメトリック法では、正規分布等の標準的な分布を仮定できないデータの確率分布について、連続性、対称性等のきわめてゆるい条件のみを仮定する。そのうえで、分布の関数形についてはいっさい仮定をおかず、妥当性の基準を満たすような分布の関数形を推定する方法である。この推定では、ロバストネス（頑健性）が重要となるが、ロバストな方法（robust method）とは、標準的な設定からある程度離れても妥当性や有効性を大きく失うことがない方法、つまり分布の形が変わっても仮説のもとでの検定のよさ（効率）があまり変わらない手法のことを指す。

　4.3節と同様に、順序統計量 $\hat{X}_j$ の期待値と真の分布のパーセント点がどれくらいずれているのかを調べるために、$\hat{X}_j$ の分布を求めてみよう。

$\hat{X}_j$ の分布関数 $F_j(x)$、密度関数 $f_j(x)$ は、以下の式で表される。

$$F_j(x) = \sum_{k=j}^{m} {}_m C_k (F(x))^k (1-F(x))^{m-k} \tag{4.15}$$

$$f_j(x) = m \, {}_{m-1}C_{j-1} f(x) (F(x))^{j-1} (1-F(x))^{m-j} \tag{4.16}$$

証明 補題 4 . 2 と同様に考えると、各 X_i について $P(X_i \leq x) = F(x)$ であることから、

$$
\begin{aligned}
F_j(x) &= P\{\hat{X}_j \leq x\} \\
&= P\{\{m \text{ 個のうち } j \text{ 個の } X_i \text{ が } x \text{ 以下}\} \\
&\quad \cup \{m \text{ 個のうち } j+1 \text{ 個の } X_i \text{ が } x \text{ 以下}\} \\
&\quad \cup \cdots \cup \{m \text{ 個のうち } m \text{ 個の } X_i \text{ が } x \text{ 以下}\}\} \\
&= \sum_{k=j}^{m} {}_m C_k \cdot (F(x))^k \cdot (1-F(x))^{m-k}
\end{aligned}
$$

したがって、（4 . 12）式と同様に、

$$f_j(x) = \frac{d}{dx} F_j(x) = m \cdot {}_{m-1}C_{j-1} f(x) (F(x))^{j-1} (1-F(x))^{m-j}$$

が得られる。

通常の問題においては真の分布 F が未知であるので、これ以上具体的な式や値として順序統計量の期待値を表すことはできない。しかし、ある程度の標本の大きさがあれば、順序統計量の期待値は元の分布のパーセント点のよい近似になっている。したがって、真の分布から１組の無作為標本をとってパーセント点を推定するより、何組もの無作為標本を取り出し、各々の標本からのパーセント点推定値の平均をとるほうが安定した推定値が得られると考えられる。

一方、多くの場合、真の分布は不明であり、過去データも限られている。そこで、真の分布の代わりに過去データから得られる経験分布を真の分布と

みなし、過去データを母集団とみなすことにする。乱数などを用いて重複を許す形でこの母集団から標本を取り直すことで、何組もの標本をとることができ、それらから得られる各々のパーセント点の平均をとることができる。これがブートストラップ法の基本的な考え方である。

ブートストラップ法をVaRに適用する場合の手順は以下のようになる。

① n 個の過去データを取得する。

② n 個の過去データのなかから、重複を許して m 個のデータを取り出し（$m=n$ とすることが多い）、そのサンプル・データをもとにヒストリカル法により（パーセンタイル点を用いて）VaRの値（VaR_i）を計算する。これを k 回繰り返すことにより、$\mathrm{VaR}_i(i=1, 2, \cdots, k)$ を得る。

③ ②の結果を利用して平均 $\overline{\mathrm{VaR}}$ を計算する。

$$\overline{\mathrm{VaR}} = \frac{1}{k}\sum_{i=1}^{k}\mathrm{VaR}_i \tag{4.17}$$

4.6 ブートストラップ法によるVaRとCVaRの評価ツール

ここで、ブートストラップ法による簡単なVaR評価ツールを作成する手順について述べる。

ある確率分布に従う確率変数の実現値を乱数、その独立に生成された系列を**乱数列**と呼ぶ。確率変数 X が一様分布 $U(a, b)$ に従う乱数のことを**一様乱数**と呼び（一様分布についてはAppendix Bを参照）、ExcelにはRANDという関数名で、**標準一様分布** $U(0, 1)$ に従う疑似乱数を発生させるルーチンが組み込まれている。ここで、疑似乱数という言葉をあえて用いているのは、コンピュータ上で生成される乱数は、ある計算によって生成されるものであり、初期値が乱数系列をすべて決定することになり、本来の乱数とは意味が異なるからである。

$U_1, U_2, \cdots$ を標準一様分布 $U(0, 1)$ に従う独立な確率変数列とし、$u_1, u_2, \cdots$ をその実現値、すなわち標準一様乱数の系列とする。$p_i (i = 1, \cdots, n)$ を確率分布、すなわち、

$$p_i \geq 0, \sum_{i=1}^{n} p_i = 1 \tag{4.18}$$

を満たす実数列とし、さらに $U_k \sim U(0, 1)$ に対して、

$$X_k = \begin{cases} y_1, \ 0 \leq U_k \leq p_1 & \text{のとき} \\ y_i, \ p_1 + \cdots + p_{i-1} < U_k \leq p_1 + \cdots + p_i & \text{のとき} \\ y_n, \ p_1 + \cdots + p_{n-1} < U_k \leq 1 & \text{のとき} \end{cases} \tag{4.19}$$

とおくと、X_k は確率分布、

$$P\{X_k = y_i\} = p_i, \quad i = 1, 2, \cdots, n$$

をもつ離散的な確率変数となる。これは、

$$P\{X_k = y_i\} = P\{p_1 + \cdots + p_{i-1} < U_k \leq p_1 + \cdots + p_i\}$$
$$= P\{U_k \leq p_1 + \cdots + p_i\} - P\{U_k \leq p_1 + \cdots + p_{i-1}\}$$

であるが、U_k は標準一様分布に従っているので、

$$P\{U_k \leq x\} = x, \ 0 \leq x \leq 1$$

となり、

$$P\{X_k = y_i\} = (p_1 + \cdots + p_i) - (p_1 + \cdots + p_{i-1}) = p_i$$

が成立するためである。したがって、一様乱数 u_k に対して、

$$x_k = \begin{cases} y_1, \ 0 \leq u_k \leq p_1 & \text{のとき} \\ y_i, \ p_1 + \cdots + p_{i-1} < u_k \leq p_1 + \cdots + p_i & \text{のとき} \\ y_n, \ p_1 + \cdots + p_{n-1} < u_k \leq 1 & \text{のとき} \end{cases} \tag{4.20}$$

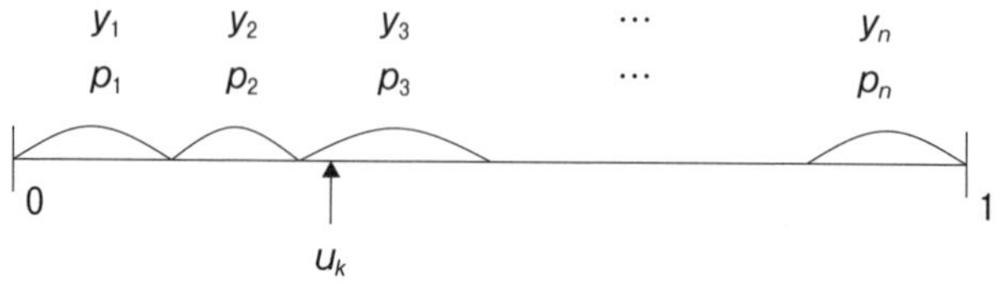

図 4.3 離散分布に従う乱数

とおけば、（4.18）式で与えられた離散分布に従う乱数系列 $\{x_n\}$ が得られる（可算無限個の場合も同様である）。イメージ図を図4.3に描いた。

演習4.2 ···

　日次の対数収益率が与えられているとき、ブートストラップ法によってVaRを推定するプログラムをExcel-VBAで作成せよ。

〈ヒント〉　乱数の生成であれば、ExcelのRAND関数を用いて一様乱数が生成できるので、この演習はVBAを使わなくても計算可能である。しかし、モンテカルロ・シミュレーションへの対応を意識して、ここではExcel-VBAのプログラムで記述し、コマンド・ボタンを押すことで、Excel-VBAのプログラムが実行できるようにする。

(1)　シートの作成

「演習4.2」という名前でシートを作成する。

	A	B	C	D	E	F	G	H
1								
2		ブートストラップ法によるヒストリカル・シミュレーション						
3								
4		シミュレーション条件						
5		シミュレーション回数	100	回				
6								
7		データ件数	500	件				
8								
9		VaRの水準	99	%				
10		%点の順位	5	番目				
11								
12		ヒストリカルVaR	-0.06560					
13		推定VaR	-0.06573					
14								
15		ヒストリカルCVaR	-0.07182					
16		推定CVaR	-0.07067					
17								
18								
19								
20		シミュレーション						
21								

(2) パーセント点の順位の計算

セルC10に =INT($C$7*(1-C9/100)) と入力し、パーセント点が下から何番目の順位であるのかを、小数点以下を切り捨てることによって計算する。切り捨てる理由は、より保守的なVaR、CVRを計算するためである。

(3) 「開発」ボタンの表示

VBAプログラムを開発できるように、リボンに「開発」ボタンを追加する。「ファイル」⇒「オプション」⇒「リボンのユーザー設定」で「メインタブ」にある「開発」にチェックを入れる。

(4) 画面の作成とコマンド・ボタンの作成

入出力用の画面を作成し、コマンド・ボタンを登録する。まず、「開発」リボンを押し、[コントロール]⇒[挿入]⇒[ActivXコントロール]を選択し、「コマンド・ボタン」を押す。

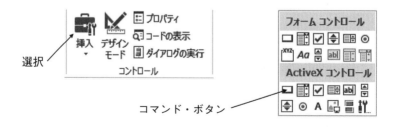

コマンド・ボタンを押し、シートのなかでコマンド・ボタンを配置したい位置にマウスの左ボタンを押しながらドラッグしてボタンの大きさを指定する。

CommandButton1

コントロールツールボックスのなかのデザインモード・ボタンが押されていることを確認し（押された状態になっていなければ押す）、このコマン

ド・ボタン内にカーソルを移動したうえで、マウスの右ボタンを押し[コマ
ンド ボタン オブジェクト(O)]⇒[編集(E)]を選択し、ボタンの名前を、

シミュレーション

と登録する。

(5) コマンド・ボタンにコードの入力

「シミュレーション」というボタン内にカーソルを移動させたうえで、マ
ウスの右ボタンを押し[コードの表示(V)]を選択し、Excel-VBAの編集画面
で以下のコードを割り当てる。1行で書くべきプログラムを複数の行で記述
する場合には、"_"を行末に入力して[Enter]キーを押せばよい。
Excel-VBAの編集が終わった段階で、[ファイル]⇒[終了してMicrosoft
Excelへ戻る(C)]を選び、Excel画面に戻る。また、Excel-VBAの入力が終了
した段階で、コントロールツールボックスのなかのデザインモード・ボタン
を解除する。

(6) 条件指定

セルC5にシミュレーションの回数、C7にデータ件数、C9にVaRの水準を
入力する。

(7) プログラムの実行

登録した「シミュレーション」というコマンド・ボタンを押すと、ブート
ストラップ法によるVaRの値が画面上に表示される。
〈注意〉 このコードは基本的なものだけの記述としているため、エラー処理
やデータ・クリアなどの処理はカバーしていない。

〈プログラム例〉

```
      ┌ Dim I            As Integer   'Do ループ用変数
      │ Dim j            As Integer   'Do ループ用変数
      │ Dim m            As Integer   'Do ループ用変数
      │
      │ Dim Data_Nu      As Integer   'データ件数
      │ Dim Shi_num      As Integer   'シミュレーション回数
   ① ┤ Dim VaR_rat      As Single    'VaR水準の読込み
      │ Dim VaR_vol      As Single    'ヒストリカルVaR
      │ Dim VaR_voB      As Single    'ブートストラップVaR
      │ Dim Par_rat      As Integer   'パーセント点の順位
      │ Dim Min_ret      As Single    '収益率の最小値
      │
      │ Dim To_rate      As Single    'RVaR計算用の収益率の合計値
      │ Dim CVaR_vl      As Single    'ヒストリカルCVaR
      └ Dim CVaR_vB      As Single    'ブートストラップCVaR

      ┌ Dim St_rete(2000)  As Single    '収益率
      │ Dim Se_rete(2000)  As Single    '収益率(シュミレーション用)
      │ Dim Unif_rn(2000)  As Integer   'ヒストリカル・データに対応した
   ② ┤                                   一様乱数
      │ Dim Coun_fr(2000)  As Integer   'カウント・フラグ
      │ Dim Min_pos(2000)  As Integer   '収益率が最小のデータ番号
      └ Dim Pfv_vol(2000)  As Single    '順位カウンターの価値
```

③ Private Sub CommandButton1_Click()

'シミュレーション回数の読込み

④ Shi_num=Worksheets("演習4.2").Range("C5").Value

132

'データ件数の読込み

   Data_Nu=Worksheets("演習4.2").Range("C7").Value

'VaR水準の読込み

   VaR_rat=Worksheets("演習4.2").Range("C9").Value

'パーセント点の順位の読込み

⑤ Par_rat=Worksheets("演習4.2").Range("C10").Value

'収益率の読込み

⑥ $\left\{\begin{array}{l}\text{For j =1 To Data\_Nu}\\ \quad\text{St\_rete(j)=Worksheets("収益率データ").Range("A1").Cells(2+j,}\\ \quad\text{3).Value}\\ \text{Next j}\end{array}\right.$

'***ヒストリカル法による評価***

'収益率の順位の初期値

   For j =1 To Data_Nu

     Coun_fr(j)=0   '順位の初期値

   Next j

'順位カウンターの価値の初期値

   For m =1 To Par_rat

     Pfv_vol(m)=0   '順位の初期値

   Next m

'収益率の順位の計算

   To_rate =0 'RVaR計算用の収益率の合計値

   For m =1 To Par_rat

```
    Min_ret =9999999   '収益率の最小値

    For j =1 To Data_Nu
       If St_rete(j)<Min_ret And Coun_fr(j)=0 Then
          Min_ret =St_rete(j)
          Min_pos(m)=j   '収益率が最小のデータ番号
       End If
    Next j
    Coun_fr(Min_pos(m))=m
    To_rate =To_rate +Min_ret
  Next m

  'ヒストリカルVaR値
    VaR_vol =St_rete(Min_pos(Par_rat))

  'ヒストリカルCVaRの計算
    CVaR_vl =To_rate /Par_rat

  'ヒストリカルVaRとヒストリカルCVaRの表示
    Worksheets("演習4.2").Range("C12").Value =VaR_vol
    Worksheets("演習4.2").Range("C15").Value =CVaR_vl

  '***ブートストラップ法による評価***
```

⑦ $\left\{\begin{array}{l}\end{array}\right.$
```
    VaR_voB =0   'ブートストラップ法によるVaRの初期値
    CVaR_vB =0   'ブートストラップ法によるCVaRの初期値
```

⑧ $\left\{\begin{array}{l}\end{array}\right.$
```
    'シミュレーションの繰返し
    For i =1 To Shi_num
```

```
    'ヒストリカルデータの期間に対応した一様乱数の生成
```

⑨ $\left\{\begin{array}{l}\text{For j =1 To Data\_Nu}\\ \quad \text{Unif\_rn(j)=Application.RoundUp(Rnd *Data\_Nu, 0)}\\ \quad \text{'ヒストリカル・データに対応した一様乱数}\\ \text{Next j}\end{array}\right.$

⑩ $\left\{\begin{array}{l}\text{'シミュレーション用収益率の計算}\\ \text{For j =1 To Data\_Nu}\\ \quad \text{Se\_rete(j)=St\_rete(Unif\_rn(j))}\\ \text{Next j}\end{array}\right.$

⑪ $\left\{\begin{array}{l}\text{'収益率の順位の初期値}\\ \text{For j =1 To Data\_Nu}\\ \quad \text{Coun\_fr(j)=0 \quad '順位の初期値}\\ \text{Next j}\end{array}\right.$

⑫ $\left\{\begin{array}{l}\text{'順位カウンターの価値の初期値}\\ \text{For m =1 To Par\_rat}\\ \quad \text{Pfv\_vol(m)=0 \quad '順位の初期値}\\ \text{Next m}\end{array}\right.$

⑬ $\left\{\begin{array}{l}\text{'収益率の順位の計算}\\ \text{To\_rate =0 \quad 'CVaR計算用の収益率の合計値}\\ \text{For m =1 To Par\_rat}\\ \quad \text{Min\_ret =9999999 \quad '収益率の最小値}\\ \\ \quad \text{For j =1 To Data\_Nu}\\ \quad \text{If Se\_rete(j)<Min\_ret And Coun\_fr(j)=0 Then}\\ \quad \quad \text{Min\_ret =Se\_rete(j)}\\ \quad \quad \text{Min\_pos(m)=j \quad '収益率が最小のデータ番号}\end{array}\right.$

```
        End If
      Next j
      Coun_fr(Min_pos(m))= m
      To_rate =To_rate +Min_ret
   Next m

  'VaR値
      VaR_vol =Se_rete(Min_pos(Par_rat))
      VaR_voB =VaR_voB +VaR_vol  'ブートストラップ法によるVaR

  'CVaRの計算
      CVaR_vl =To_rate /Par_rat
      CVaR_vB =CVaR_vB +CVaR_vl  'ブートストラップ法によるCVaR

   Next i

      VaR_voB =VaR_voB /Shi_num  'ブートストラップ法によるVaR
      CVaR_vB =CVaR_vB /Shi_num  'ブートストラップ法によるCVaR

  'ブートストラップ法によるVaRとCVaRの表示
   Worksheets("演習4.2").Range("C13").Value =VaR_voB
   Worksheets("演習4.2").Range("C16").Value =CVaR_vB

   End Sub
```

〈プログラムの説明〉

① 変数の宣言

　事前に変数名とデータの形式を指定するのが原則。一般には「Dimステートメント」が用いられる。この「Dimステートメント」はプログラムの最初に指定する必要がある。

Dim	Shi_num	As	Integer	'シミュレーション回数
(a)	(b)	(c)	(d)	(e)

(a) 「Dimステートメント」を適用する宣言文

　　変数名の適用範囲によって、Public、Private、Staticステートメントが利用される場合がある。

(b) プログラムのなかで利用する変数名

　　変数名は、条件を満たしていれば、自由に指定可能。

　(i) 半角で225文字以内

　(ii) 英数字、漢字、ひらがな、カタカナとアンダスコア(_)が使用可能

　(iii) 変数名の最初の文字は、英字、漢字、ひらがな、カタカナのいずれか

　(iv) 大文字、小文字は区別しない

(c) 変数名と「データ型」はAsで結ばれる

(d) 「データ型」を指定する。

　　変数は、データの値の形式によっていくつかの「データ」の形に分類される。VBAで利用できる変数のデータ型には表4.1のようなものがあるが、データ型を指定せずに使用した場合には、バリアント型であると認識される。

(e) コメント文

　　「'」より右にある文字はコメント文として取り扱われ、プログラムの実行と無関係になる。

② 配列の定義

　配列の次元数と、インデックス番号の最小値、最大値を指定可能

　Dim St_rete(2000)　As Single　'収益率

と記載した場合には、変数St_reteは1次元の配列であり、インデックスの最大値が2,000であることを示している（最小値はデフォルトの値である

表4．1　VBAで利用できるデータ型

データ型	記述	値の有効範囲
バイト型	Byte	0～225
ブール型	Boolean	真（True）か偽（False）
整数型	Integer	$-32,768～32,767$
長整数型	Long	$-2,187,883,688～2,187,883,687$
通貨型	Currency	$-922,337,203,685,877.5808～$ 922,337,203,685,877.5807
10進数型	Decimal	$-79,228,162,518,268,337,593,583,950,335～$ 79,228,162,518,268,337,593,583,950,335
単精度浮動小数点型	Single	負の値は$-3.802823E38～-1.801298E-85$、 正の値は$1.801298E-85～3.802823E38$
倍精度浮動小数点型	Double	負の値は$-1.79769313886231E308～$ $-8.98065685881287E-328$、 正の値は$8.98065685881287E-328～$ $1.79769313886232E308$
日付型	Date	西暦100年1/1～西暦9999年12/31。 時刻は0：00：00～23：59：59
文字列型	String	文字列
オブジェクト型	Object	32ビットのアドレス
バリアント型	Variant	不定（状況に応じて、あらゆるデータ型の役割をする）

0）。利用可能な変数は、

St_rete（0）, St_rete（1）,…, St_rete（2000）の2,001個となる。

③　ボタンを押した場合のプログラムの定義

計算用のボタンを画面上に作成すると、

Private Sub CommandButton1_Click（）

End Sub

というプログラムが生成される。作成したボタンを押すと、これらの間に記述されたプログラムが実行される。

④　データ入力

Excel画面内で入力、もしくは処理したデータの値を、処理したい変数に代入する。たとえば、

Shi_num =Worksheets("演習4.2").Range("C5").Value

とプログラム入力した場合には、Excelシート"演習4.2"のセルC5に表記されている値を取り込み、変数Shi_numに代入するということを意味している。

⑤　パーセント点の順位の計算

セルC10には、

=INT($C$7*(1−C9/100))

と指定している。セルC9で指定したVaRの水準（この例では99％）から、VaRの基準となる1％（1−0.99）をデータの件数に掛け合わせると、階級値の基準となる。この値の小数点を切り捨てる（INT関数）ことで階級値を算出している。

⑥　処理の繰返し

予め、繰り返して処理をする回数（ループ回数）が決まっている場合は、For〜Nextステートメントを利用するのが便利。For〜Nextステートメントは、

For ＜カウンタ変数＞=＜初期値＞To ＜最終値＞Step ＜加算する値＞
＜処理＞

Next ＜カウンタ変数＞

の形で記述され、加算する値を示すStepの後の数字には、負の値も指定可能。Stepを省略した場合には、ループをするたびにカウンタ変数は1加算。Nextの後のカウンタ変数は、省略することも可能。

For j =1 To Data_Nu

St_rete(j)=Worksheets("収益率データ").Range("A1").Cells(2+j, 3).Value

　　Next j

というプログラムは、シート「収益率データ」に記載されている収益率の値をSt_rete(j)に代入するという命令を、1からスタートし、カウンタ変数の値が、Data_Nuになるまで繰り返すということを意味。このプログラムによって、Data_Nu個の収益率の変数St_rete (1), St_rete (2),…, St_rete (Data_Nu)に、それぞれ値を代入することができる。

⑦　シミュレーションによるVaR、CVaRの初期値

　シミュレーション毎に算出したVaR、CVaRの値を足し込むための変数。

⑧　シミュレーションの繰返しの指定

　　For i =1 To Shi_num

では、指定したシミュレーション回数（Shi_num）を繰り返す。

⑨　シミュレーションVaRのデータ対象

　シミュレーションVaRの場合、標準一様乱数（Rnd）にデータ件数（Data_Nu）を掛け合わせ、小数点を切り上げることでデータ番号（Unif_rn(j)）を作成する。RoundUpはExcel関数で、切上げを意味する。また、Application.という命令は、VBAのなかでExcel関数を使う場合の指定である。また、データ番号の最小値は1である。

⑩　シミュレーション用収益率の系列作成

　⑨で対象となるデータ番号の収益率を呼び込み、Se_rete(j)という変数に格納する。この変数列を小さい値からカウントアップし、階級値に相当するSe_rete(j)の値をもってVaRとする。

⑪　カウントアップずみフラグの初期設定

　小さい値にカウントアップしていく際、すでに順番が付いているかどうかのフラグ（Coun_fr(j)）を初期設定する。

⑫　順位カウンターの価値の初期値

順位カウンター（Pfv_vol(m)）に初期値 0 を設定する。

⑬　小さい値にカウントアップ

CVaR計算用の収益率の合計値の初期値を 0 とする。

To_rate =0

パーセント点の順位に至るまで、m をまわす。m は下からの順位に相当する。

For m =1 To Par_rat

Next m

収益率の最小値の初期値を、

Min_ret =9999999

で与える。

全データのなかで、カウントアップずみフラグが付いていないデータのなかで、一番小さなデータを選び出し、m 番目の順位の収益率とする。

For j =1 To Data_Nu

　If Se_rete(j)＜Min_ret And Coun_fr(j)=0 Then

　　Min_ret =Se_rete(j)

　　Min_pos(m)=j　　'収益率が最小のデータ番号

　End If

Next j

Coun_fr(Min_pos(m))= m

To_rate =To_rate ＋Min_ret

4.7　ま と め

　この章では、ヒストリカル法を中心にVaRの評価方法について検討した。収益率などに正規分布などの特定の分布を仮定する場合（パラメトリックなモデル）、その分布のパラメータ（正規分布の場合には、平均と分散）の値

を決めるのは、やはり過去のデータに頼らざるをえない。過去データに依存するという面においては、パラメトリックなモデルもノン・パラメトリックなモデルも同じである。一方、ヒストリカル法、ヒストリカル・シミュレーション法では、下から何番目という順位に基づくものであるため、過去に極端に悪い時期の影響を受けやすく、データ区間にその時期が入るかどうかでVaRの値が大きく変わる可能性がある。したがって、VaRの値が不安定になる可能性があるので注意が必要である。

　ヒストリカル法では、過去と同じ現象が将来も同じ確率で起こることを前提としている。この仮定と、過去データが不十分である場合、収益率の分布がいびつになるということが、ヒストリカル法の欠点とされる場合が多い。一方、デルタ法では過去の共分散行列が将来も適用可能であると仮定し、次章で説明するモンテカルロ・シミュレーション法では、なんらかの確率モデルを想定し、そのパラメータが将来も一定であると仮定している。つまり、リスク評価のためにさまざまな手法が提案されているが、どのモデルにも収益率の構造を説明するためのなんらかの仮定が設けられており、万能なモデルは存在しないのが実状である。

第 5 章

モンテカルロ・
シミュレーションによる
VaRとCVaRの評価

5.0 はじめに

　コンピュータの高速化により、計算機上での模擬実験（シミュレーション）が比較的簡単に行えるようになった。そして、これまでは問題の定式化が複雑すぎて、解析解が得られないような金融商品のプライシングやリスク評価においても、**モンテカルロ・シミュレーション**によって分析が可能となってきた。モンテカルロ・シミュレーションでは、収束、大数の法則、中心極限定理などの理論が前提となるが、これらの理論的な背景などについては専門書に説明を委ね、ここではモンテカルロ・シミュレーションの実装方法を中心に説明するものとする。

　なお、リスク評価の基本は、将来の確率分布を想定することであり、モンテカルロ・シミュレーションは将来の確率分布をコンピュータ上で計算するものである。

　モンテカルロ法を用いてVaR計測を行う場合は、リスク・ファクターの収益率にi.i.d.や特定の分布などを仮定しなくても適用可能である。したがって、デリバティブのように非線形な評価関数をもつ資産に対しても、非線形リスクを正確に反映することができる。VaR計測の基本的な手順は次のとおりである。

① 現在のリスク・ファクター値に基づきポジション評価値を求める（初期値）。

② 乱数を1つ発生させ、それを用いてリスク・ファクターを変動させる。変動後のリスク・ファクターに基づきポジションを再評価し、①との差を取ることで損益を求める。これをN回繰り返すことによって、保有期間後のポジション損益のN個のサンプルデータを得る。

③ ②で得たN個のデータは、保有期間後の資産収益分布からの無作為標本であるので、これから得られる経験分布に基づいてパーセント点の推定値を求める。

VaR計測以外の問題であっても、同様にして、モデルのなかで基礎となるi.i.d.確率変数に対して、その分布に従う乱数を当てはめることで、目的の確立変数の無作為標本を作成し、その経験分布から必要な統計量を算出すればよい。

5.1　正規乱数の生成

　正規分布 $X \sim N(\mu, \sigma^2)$ に従う乱数 X のことを**正規乱数**と呼ぶ。正規乱数を生成するには、まず標準一様乱数から**逆関数法**などによって標準正規分布 $Y \sim N(0,1)$ に従う標準正規乱数を生成する。逆関数法とは、次のようなものである。$u_i = F(X_i) \sim U(0,1)$ で示される標準一様乱数 u_i は $u_i = F(X_i) \sim U(0,1)$、区間 $0 \le x \le 1$ の範囲で密度関数 $f(x)$ が一定であるので、分布関数 $F(x)$ は $F(0) = 0$、$F(1) = 1$ の間で直線で表される。

$$P[X_i \le F^{-1}(x)] = G(F^{-1}(x)) = x, \ 0 \le x \le 1$$

となり、$G(x) = F(x)$ が得られる。したがって、標準一様乱数 u_i を、特定の分布の逆関数に当てはめると、得られた x_i は特定の分布に従う乱数となる。

$$x_i = F^{-1}(u_i) \tag{5.1}$$

　次に、平均 μ、分散 σ^2 の正規分布 $X \sim N(\mu, \sigma^2)$ に従う正規乱数 $N(\mu, \sigma^2)$ について検討する。Y が標準正規分布 $N(0,1)$ に従うと、Y の線形変換 $X = \sigma Y + \mu$ も正規分布に従う。確率変数 X の平均と分散はそれぞれ以下の式で計算される。

　　平均：$E[X] = \sigma E[Y] + \mu = \sigma \cdot 0 + \mu = \mu$

　　分散：$\mathrm{Var}[X] = \sigma^2 \mathrm{Var}[Y] = \sigma^2 \cdot \mathrm{Var}[Y] = \sigma^2 \cdot 1 = \sigma^2$

したがって、X は正規分布 $N(\mu, \sigma^{\wedge 2})$ になる。

演習5.1 ....

　100個の一様乱数列を作成したうえで、逆関数法によって標準正規乱数列

を生成するプログラムを作成せよ。次に、これらの値から、平均μ＝15,000、分散$\sigma^2 = 500^2$とした場合の正規乱数列を求めるプログラムを作成せよ。

〈ヒント〉 Excelでは、標準正規分布の逆関数をNORM.S.INVで計算できる。VBAでは、「.」がないNORMSINVを利用する。

5.2 2変量正規乱数

たとえば、配当のない米国株式を1単位購入し、この投資を円ベースで評価する場合について考える。この例では、株価Sドル、スポットの為替レートF円／ドルという2つの確率変数があり、円ベースでこの投資を評価する場合には、2種類の乱数系列によるモンテカルロ・シミュレーションが必要である。投資金額をY円とすると、

$$Y = S \times F$$

となる。Sの変動とFの変動の間に相関がある場合には、相関を加味した乱数が必要であり、2元モンテカルロ法で対応する。

Sの離散期間Δtでの変動ΔSと、Fの離散期間Δtでの変動ΔFが結合正規分布に従うと仮定する。ΔSの平均をμ_S、分散をσ_S^2とし、ΔFの平均をμ_F、分散をσ_F^2としたうえで、ΔSとΔFの相関係数をρとおく。

$$E[\Delta S] = \mu_S$$

$$E[\Delta F] = \mu_F$$

2つの独立な標準正規分布$N(0,1)$に従う2つの標準正規乱数R_1, R_2から、以下の式によってΔSとΔFを生成することができる。

$$\Delta S = \mu_S + \sigma_S R_1 \tag{5.2}$$

$$\Delta F = \mu_F + \sigma_F \{\rho R_1 + \sqrt{1 - \rho^2}\, R_2\} \tag{5.3}$$

ここで、（5.2）式と（5.3）式によって得られるΔSとΔFの特性値について検討する。R_1とR_2は独立な標準正規乱数であるから、

$$E[R_1 \cdot R_2] = E[R_1]E[R_2]$$

$$E[R_1] = E[R_2] = 0$$

$$\mathrm{Var}[R_1] = \mathrm{Var}[R_2] = 1$$

$$\mathrm{Var}[R_1] = E[(R_1 - E[R_1])^2] = E[R_1^2]$$

となる。期待値の線形性から、（5.2）式と（5.3）式の期待値を計算すると、

$$E[\Delta S] = \mu_S + \sigma_S E[R_1] = \mu_S$$

$$E[\Delta F] = \mu_F + \sigma_F \rho E[R_1] + \sqrt{1-\rho^2}\,\sigma_F E[R_2] = \mu_F$$

が得られる。また分散については、

$$\mathrm{Var}[\Delta S] = \sigma_S^2 \mathrm{Var}[R_1] = \sigma_S^2$$

$$\mathrm{Var}[\Delta F] = \rho^2 \sigma_F^2 \mathrm{Var}[R_1] + (1-\rho^2)\sigma_F^2 \mathrm{Var}[R_2] = \sigma_F^2$$

となる。ΔS と ΔF の相関係数を $\hat{\rho}$ とすると、定義より、

$$\hat{\rho} = \frac{\mathrm{Cov}(\Delta S, \Delta F)}{\sigma_S \sigma_F} = \frac{E[(\Delta S - E[\Delta S]) \cdot (\Delta F - E[\Delta F])]}{\sigma_S \sigma_F}$$

$$= \frac{E[\sigma_S R_1 \cdot \sigma_F (\rho R_1 + \sqrt{1-\rho^2}\,R_2)]}{\sigma_S \sigma_F}$$

$$= \frac{\rho \sigma_S \sigma_F E[R_1^2] + \sqrt{1-\rho^2}\,\sigma_S \sigma_F E[R_1 R_2]}{\sigma_S \sigma_F}$$

$$= \frac{\rho \sigma_S \sigma_F \cdot 1 + \sqrt{1-\rho^2}\,\sigma_S \sigma_F \cdot 0 \cdot 0}{\sigma_S \sigma_F} = \frac{\rho \sigma_S \sigma_F}{\sigma_S \sigma_F} = \rho$$

となり、相関係数は一致する。なお、（5.2）式と（5.3）式で表される 2 変量正規分布関数を、

$$(X, Y) \sim N_2(\mu_X, \mu_Y, \sigma_X, \sigma_Y, \rho)$$

と表す。

演習5.2 ....

2 変量正規分布関数 $(X, Y) \sim N_2(\mu_X, \mu_Y, \sigma_X, \sigma_Y, \rho)$ に従う、2 つの正規分布

乱数列 X と Y を作成せよ。なお、確率変数 X の平均は $\mu_X = 20$、分散は $\sigma_X^2 = 0.5^2$ であり、確率変数 Y の平均は $\mu_Y = 100$、分散は $\sigma_Y^2 = 7^2$、確率変数 X と確率変数 Y の相関係数は $\rho = 0.5$ である。

5.3　多次元正規乱数

n 次元の確率ベクトルを $\mathbf{Y} = (Y_1, Y_2, \cdots, Y_n)$ とおく。Y は n 次元の正規分布に従うと仮定し、Y_i の平均 $E[Y_i]$、Y_i と Y_j の共分散 $C[Y_i, Y_j]$、Y_i の分散 $V[Y_i]$ を以下のように定義する。

$E[Y_i] = \mu_i$

$C[Y_i, Y_j] = \sigma_{ij}$

$V[Y_i] = \sigma_{ii} = \sigma_i^2$

$i, j = 1, 2, \cdots, n$

平均ベクトル $\boldsymbol{\mu}$ と共分散行列 $\boldsymbol{\Sigma}$ を以下のように定義する。

$$\boldsymbol{\mu} = \begin{pmatrix} \mu_1 \\ \mu_2 \\ \vdots \\ \mu_n \end{pmatrix}, \ \ \boldsymbol{\Sigma} = \begin{pmatrix} \sigma_1^2 & \sigma_{12} & \cdots & \sigma_{1n} \\ \sigma_{21} & \sigma_2^2 & \cdots & \sigma_{2n} \\ \vdots & \vdots & \ddots & \vdots \\ \sigma_{n1} & \sigma_{n2} & \cdots & \sigma_n^2 \end{pmatrix} \tag{5.4}$$

なお、共分散行列 $\boldsymbol{\Sigma}$ は正定値（すべての固有値が正となる行列）で逆行列が存在すると仮定する。共分散行列 $\boldsymbol{\Sigma}$ が正定値（positive definite）であるとは、n 個の実数を成分にもつ零ベクトルでない任意の列ベクトル $\mathbf{z}$ に対して、二次形式 $\mathbf{z}^\mathrm{T} \boldsymbol{\Sigma} \mathbf{z}$ が必ず正となることを指す。なお、$\mathbf{z}^\mathrm{T}$ は $\mathbf{z}$ の転置ベクトルである。n 次元の確率ベクトル $\mathbf{Y} = (Y_1, Y_2, \cdots, Y_n)$ が以下の同時密度関数をもつとき、$\mathbf{Y}$ はパラメータ $(\boldsymbol{\mu}, \boldsymbol{\Sigma})$ の n 次元正規分布に従うといい、$\mathbf{Y} \sim N_n(\boldsymbol{\mu}, \boldsymbol{\Sigma})$ と表記する。

$$f(\mathbf{Y}) = \frac{1}{\sqrt{(2\pi)^n |\boldsymbol{\Sigma}|}} \exp\left\{ -\frac{1}{2} (\mathbf{Y}^\mathrm{T} - \boldsymbol{\mu})^\mathrm{T} \boldsymbol{\Sigma} (\mathbf{Y}^\mathrm{T} - \boldsymbol{\mu}) \right\} \tag{5.5}$$

なお、$\mathbf{Y}^\mathrm{T}$ の T は転置を表している。平均ベクトル $\boldsymbol{\mu}$ がゼロ・ベクトル $\mathbf{0}$

で、共分散行列 Σ が単位行列 I であるときの n 次元正規分布 $N_n(0, I)$ のことを、n 次元標準正規分布と呼ぶ。このとき、（5.5）式の同時密度関数は、

$$f(Y) = \frac{1}{\sqrt{(2\pi)^n}} \exp\left\{-\frac{1}{2}\sum_{i=1}^{n} Y_i^2\right\} = \prod_{i=1}^{n} \frac{1}{\sqrt{2\pi}} \exp\left\{-\frac{Y_i^2}{2}\right\} \qquad (5.6)$$

となる。したがって、$Y = (Y_1, Y_2, \cdots, Y_n)$ が n 次元標準正規分布に従う場合は、各確率変数 $Y_1, Y_2, \cdots, Y_n$ は互いに独立で、各々が（1次元の）標準正規分布に従う。

行列 C の $1 \leq i < j \leq n$ に対する要素が $c_{i,j} = 0$、つまり、

$$C = \begin{pmatrix} c_{11} & 0 & 0 & \cdots & 0 \\ c_{21} & c_{22} & 0 & \cdots & 0 \\ c_{31} & c_{32} & c_{33} & \cdots & 0 \\ \vdots & \vdots & \vdots & \ddots & \vdots \\ c_{n1} & c_{n2} & c_{n3} & \cdots & c_{nn} \end{pmatrix}$$

の形をしている場合、この C は**下三角行列**と呼ばれる。詳細については省略するが、**コレスキー分解**を用いれば、上記の n 次元共分散行列 Σ は、

$$c_{11} = \sqrt{\sigma_{11}}$$

$$c_{jj} = \sqrt{\sigma_{jj} - \sum_{k=1}^{j-1} c_{jk}^2}, \ j = 2, \cdots, n$$

$$c_{i1} = \frac{\sigma_{i1}}{\sqrt{\sigma_{11}}}, \ i = 2, \cdots, n$$

$$c_{ij} = \frac{1}{c_{jj}}\left(\sigma_{ij} - \sum_{k=1}^{j-1} c_{ik}c_{jk}\right), \ j < i, \ i = 2, \cdots, n-1$$

とおけば、

$$\Sigma = CC^{\mathrm{T}}$$

で表すことができる。

また、C が正則行列であり、$X \sim N_n(0, I)$、$\Sigma = CC^{\mathrm{T}}$ とすると、

$$Y \overset{\text{def}}{=} CX + \mu$$

が成立し、$Y \sim N_n(\mu, \Sigma)$ に対して

$$X \overset{\text{def}}{=} C^{-1}(Y-\mu) \sim N_n(0, I)$$

となる。

したがって、共分散行列 Σ が $\Sigma = CC^T$ とコレスキー分解されている場合、n 次元正規分布に従う乱数は以下の手順によって生成することができる。

手順1：n 個の標準正規分布に従う乱数 R を発生させ、$X = (r_1, r_2, \cdots, r_n)$ とおく。

手順2：$Y = (Y_1, Y_2, \cdots, Y_n)$ を、

$$Y^T = CX^T + \mu \tag{5.7}$$

とおく。

手順3：手順1と手順2の処理を繰り返すことにより、必要な乱数ベクトルを生成する。

ここで注意が必要なのは、どのような共分散行列にもコレスキー分解が対応できるものではないという点である。コレスキー分解は、対象となる行列が正定値であることが条件であり、共分散行列（相関行列）のような対称行列の場合には、正定値であることと正則であることは同値であることが知られている。共分散行列（相関行列）が正定値とならないケースとしては、リスク・ファクター数よりも少ないデータで相関係数が計算されている場合などがある。正定値でない場合には、修正コレスキー分解などの手法があるが、これについては専門書を参照されたい。

演習5.3 ....

5次元の正規分布に従う確率ベクトル $Y = (Y_1, Y_2, \cdots, Y_n)$ を作成せよ。なお、確率変数間の分散共分散行列と平均は以下の表で与えられるものとする。

確率変数の分散共分散行列	確率変数 Y_1	確率変数 Y_2	確率変数 Y_3	確率変数 Y_4	確率変数 Y_5
確率変数 Y_1	150.26514	79.99838	20.21997	119.82093	62.63267
確率変数 Y_2	79.99838	267.97664	113.61641	104.89811	32.31155
確率変数 Y_3	20.21997	113.61641	260.07490	19.13230	109.65952
確率変数 Y_4	119.82093	104.89811	19.13230	559.74499	208.26484
確率変数 Y_5	62.63267	32.31155	109.65952	208.26484	801.05754

	確率変数 Y_1	確率変数 Y_2	確率変数 Y_3	確率変数 Y_4	確率変数 Y_5
平均	100	200	300	400	500

5.4 モンテカルロ・シミュレーションによる 派生証券の評価

　派生証券を評価する際の基本は、将来のキャッシュフローの現在価値の期待値を計算するということであり、そこでは将来の原資産などの価格の確率分布の推定が不可欠である。モンテカルロ・シミュレーションを用いるのは、たとえば株価の変動を確率微分方程式で表し、その振舞いを乱数によってシミュレーションすることで、将来の株価の確率分布を推定することに相当する。

　この節では、基本的なモンテカルロ・シミュレーションの手順について検討する。

(1) 価格変動を確率微分方程式で記述

　株価などの原資産の価格変動を、**確率微分方程式**によって表す。たとえば、Black-Scholes モデルでは、株価 S_t が**幾何ブラウン運動**に従うと仮定し、

$$dS_t = \mu S_t dt + \sigma S_t dB_t \tag{5.8}$$

μ：期待収益率

σ：ボラティリティ

B_t：ブラウン運動

という確率微分方程式で株価の変動を説明している。Black-Scholesモデルでは、期待収益率とボラティリティの値が一定と仮定することで、配当のない株式オプションのプレミアムを解析解（クローズド・フォーム）で求めている。解析解とは、条件が与えられれば結果が計算できることであり、派生証券の評価モデルでは期待値の計算が不要な式の形になっているということである。もし、期待収益率やボラティリティが時点によって異なるような場合には、Black-Scholesモデルのような解析解を求めるのはむずかしくなる。しかし、モンテカルロ・シミュレーションでは、将来の確率分布をパスの合算によって推定するので、これらが時点によって変動しても派生証券の評価は可能である。

(2) リスク中立な確率過程

派生商品の評価を行うには、リスク中立な確率過程を用いる必要がある。ここでは、株式オプションの例を取り上げるが、この場合には期待収益率 μ を無リスク金利 r に置き換えた、

$$dS_t = rS_t dt + \sigma S_t dB_t \tag{5.9}$$

を用いればよい。

(3) モデルの離散化

株価などの変動を連続型の確率微分方程式で表したが、コンピュータ上でモンテカルロ・シミュレーションするためには、この連続型の確率微分方程式を離散型に変更する必要がある。これは、確率微分方程式を確率差分方程式で近似するということであり、現時点を 0、満期時点を T とすると、期間 T を N 等分することで離散近似を考える。つまり、N 等分した期間の幅

をΔtとすると、（5.9）式は次の式で近似される。

$$\Delta S_t = rS_t \Delta t + \sigma S_t \varepsilon \sqrt{\Delta t} \qquad (5.10)$$

$$= S(t+\Delta t) - S(t) = rS(t)\Delta t + \sigma S(t)\varepsilon\sqrt{\Delta t}$$

$$S(t+\Delta t) = S(t) + rS(t)\Delta t + \sigma S(t)\varepsilon\sqrt{\Delta t}$$

$$dt \approx \Delta t = T/N$$

$$t = i\Delta t, \ i = 0, 1, \cdots, N$$

$$dS_t \approx \Delta S_t = S(t+\Delta t) - S(t)$$

$$dB_t \approx \varepsilon\sqrt{\Delta t}, \ \varepsilon \sim N(0,1)$$

（5.10）式は、時点 t で株価 $S(t)$ がわかっていれば、その次の価格 $S(t+\Delta t)$ は、無リスク金利 r、ボラティリティ σ、標準正規乱数 ε の値によって決定されることを意味している。シミュレーション回数 M が大きいほどより精度の高いものとなるが、一方でモンテカルロ・シミュレーションの計算負荷が増大するという問題もある。

⑷　価格のパスの発生

　株価が（5.10）式で示される過程に従うと仮定する。このとき、現在の株価 $S(0)$ が与えられれば、この式を順次計算することで $S(\Delta t), S(2\Delta t), \cdots, S(N\Delta t) = S(T)$ を計算することができる。このように、将来に向かって時点毎の株価を順次計算していく方法を**前進解**（forward looking process）を求めるといい、この手順で得られた1つのパスが、1回のモンテカルロ・シミュレーションに対応する。

　ここで、S ではなく $\log_e S$ が従う確率過程について検討する。伊藤のレンマを用いると、S と t の関数である G は、

$$dG = \left(\frac{\partial G}{\partial S} rS + \frac{\partial G}{\partial t} + \frac{1}{2} \frac{\partial^2 G}{\partial S^2} \sigma^2 S^2 \right) dt + \frac{\partial G}{\partial S} \sigma S dB \qquad (5.11)$$

という確率過程に従う。そこで、

$$G \equiv \log_e S$$

で定義すると、

$$\frac{\partial G}{\partial S} = \frac{1}{S}, \quad \frac{\partial^2 G}{\partial S^2} = -\frac{1}{S^2}, \quad \frac{\partial G}{\partial t} = 0$$

が得られるので、（5.11）式は、

$$dG = \left(r - \frac{1}{2}\sigma^2\right)dt + \sigma dB \tag{5.12}$$

となる。r と σ は一定であるから、G は一般的なウイナー過程に従い、一定のドリフト率 $r - \frac{1}{2}\sigma^2$ と一定の分散 σ^2 をもつ。

$$d\log_e S = \left(r - \frac{1}{2}\sigma^2\right)dt + \sigma dB$$

であるので、

$$\log_e S(t + \Delta t) - \log_e S(t) = \left(r - \frac{1}{2}\sigma^2\right)\Delta t + \sigma\varepsilon\sqrt{\Delta t}$$

もしくは、

$$S(t + \Delta t) = S(t)\exp\left[\left(r - \frac{1}{2}\sigma^2\right)\Delta t + \sigma\varepsilon\sqrt{\Delta t}\right] \tag{5.13}$$

が得られる。

　なお、ヨーロピアン・オプションの場合には、満期の株価のみが問題となる。この場合には、満期株価は、

$$S(T) = S(0)\exp\left[\left(r - \frac{1}{2}\sigma^2\right)T + \sigma\varepsilon\sqrt{T}\right] \tag{5.14}$$

で表すことができる。

　（5.10）式と（5.13）式の差異について検討する。（5.10）式は、Δt が0に近づく極限の場合にのみ成立する式であるのに対し、（5.13）式はすべての Δt において成立するので、この式を用いたほうがより正確なシミュレーションとなる。また、ヨーロピアン・オプションを評価した場合には、

満期日時点のみでのシミュレーションですむため計算時間が短縮される。なお、ここで利用される r や σ は、連続型の収益率から推定されたパラメータである。

(5) オプションのペイオフの計算

モンテカルロ・シミュレーションにおいて、i 番目のパスに対するヨーロピアン・コール・オプションの満期時点 T でのペイオフ $C_i(T)$ は、

$$C_i(T) = \mathrm{Max}[S_i(T) - K, 0] \ , \quad i = 1, 2, \cdots, n \tag{5.15}$$

n：モンテカルロ・シミュレーションの回数

で計算される。なお、$S_i(T)$ は、i 番目のパスにおける満期時点 T の株価の値である。同様に、i 番目のパスに対するヨーロピアン・プット・オプションの満期時点 T でのペイオフ $P_i(T)$ は、

$$P_i(T) = \mathrm{Max}[K - S_i(T), 0] \tag{5.16}$$

となる。

(6) オプション価値の計算

デリバティブの基本は、将来のキャッシュフローの現在価値の期待値を計算することであった。（5.9）式は、無リスク金利を固定したうえでリスク中立確率下における確率過程を表現したものである。モンテカルロ・シミュレーションでは、期待値を計算することは各パスのペイオフの平均値を計算することに対応する。したがって、（5.15）式で計算されるヨーロピアン・コール・オプションの価値 C は、

$$C = E[e^{-rT} C_T] = e^{-rT} \frac{1}{n} \sum_{i=1}^{n} C_i(T) \tag{5.17}$$

で求められる。

┈┈┈┈┈┈┈┈┈┈┈┈┈┈┈┈┈┈┈┈┈┈┈┈┈┈┈┈┈┈┈┈┈┈┈┈┈┈┈

Excel-VBAを用いて、（5.11）式を用いたモンテカルロ・シミュレーションによる、ヨーロピアン・コール・オプションを評価するプログラムを作成せよ。

5.5　モンテカルロ・シミュレーションパーセント点

デルタ法では、

　仮定1：リスク・ファクターの価格変動が正規分布に従う

　仮定2：エクスポージャー（デルタ）が一定（不変）である

という2つの仮定をおくことで、ポートフォリオの価格変動自体も正規分布に従うという性質を利用したリスク計測を可能としていた。ポートフォリオの価格変動が正規分布に従うということは、そのパーセント点を解析的に求めることが可能となり、計算がきわめて容易となるという特徴がある。一方、評価しようとするリスク・ファクターの実際の価格変動が、こうした仮定で説明つかない場合、デルタ法によるリスク計測結果の信頼性に問題が生ずることになる。

これに対しモンテカルロ法では、リスク・ファクターの価格変動についてパラメトリックな仮定をおいたうえで、価格変動をシミュレーション上で求めるため、ポートフォリオの価格変動の分布を直接求めることができる。しかし、ポートフォリオ価格変動の分布の精度は、シミュレーション回数に依存するため、コンピュータの計算負荷をいかに軽減するかということが課題となる。

モンテカルロ法によるVaRの計測は次のような手順によっている。

(1)　ポートフォリオの現在価値の計算

現在のリスク・ファクターの値を用いて、ポートフォリオの現在価値を算

出する。

⑵ パスの生成

モンテカルロ・シミュレーションでは、将来のリスク・ファクターの値の推移をパスとして算出する。リスク・ファクター i の時点 t での値を $x_i(t)$、現時点 0 での値を $x_i(0)$ で表す。現時点 0 から時点 Δt までの収益率を $r_i = r_i(0)$ とすると、r_i は確率変数であり、

$$x_i(\Delta t) = x_i(0) e^{r_i}$$

が得られる。年率換算での収益率のボラティリティの推定値が σ_i であるとき、r_i が i.i.d. すなわち互いに独立で同一な分布に従う確率変数だとすると、その標準偏差は $\sigma \sqrt{\Delta t}$ となる。ここで確率変数 r_i は、平均 0、標準偏差 $\sigma \sqrt{\Delta t}$ の正規分布に従うと仮定する。平均が 0 ということは r_i の期待収益率が 0 であることを意味し、上昇する確率と下落する確率とが等しいことを想定していることになる。実務で利用されているリスク評価の多くが、期待収益率を 0 としているが、これは、

① 期待収益率を論理的に求めるのがむずかしい

② VaR では、保有期間が極短期であり、期待収益率を 0 としても大きな問題にはならない

という 2 つの理由による。

$x_i(\Delta t)$ のパスを生成するには、まず標準正規乱数 ε を繰返し発生させ、

$$x_i(\Delta t) = x_i(0) e^{\sigma_i \sqrt{\Delta t} \, \varepsilon_i}$$

を必要な数だけ計算すればよい。

ここで、2 つのリスク・ファクターを想定し、これらのパスを、

$$x_1(\Delta t) = x_1(0) e^{\sigma_1 \sqrt{\Delta t} \, \varepsilon_1}$$

$$x_2(\Delta t) = x_2(0) e^{\sigma_2 \sqrt{\Delta t} \, \varepsilon_2}$$

$$\vdots$$

のように発生させる。なお、σ_1, σ_2 はそれぞれのリスク・ファクターのボラ

ティリティであり、$\varepsilon_1, \varepsilon_2$ はどちらも標準正規乱数で相関係数は ρ であるとする。

次に、リスク・ファクターの数が n 個の場合を想定すると、

$$x_n(\Delta t) = x_n(0)e^{\sigma_n \sqrt{\Delta t}\,\varepsilon_n}$$

として、n 通りのパスを発生させればよい（相関の処理については、5.3 節の多次元正規乱数を参照）。

(3) シナリオ毎のポートフォリオの損益計算

時点 t におけるポートフォリオの価値を、$V(x_1(t), x_2(t), \cdots, x_n(t))$ で表す。シミュレーションによって、ポートフォリオを構成する商品個々に m 個のシナリオ、

$$x_1^{(1)}(\Delta t), x_2^{(1)}(\Delta t), \cdots, x_n^{(1)}(\Delta t)$$
$$x_1^{(2)}(\Delta t), x_2^{(2)}(\Delta t), \cdots, x_n^{(2)}(\Delta t)$$
$$\vdots$$
$$x_1^{(m)}(\Delta t), x_2^{(m)}(\Delta t), \cdots, x_n^{(m)}(\Delta t)$$

を与えると、ポートフォリオの価値の変化額は、

$$\Delta V^{(1)} = V(x_1^{(1)}(\Delta t), x_2^{(1)}(\Delta t), \cdots, x_n^{(1)}(\Delta t)) - V(x_1(0), x_2(0), \cdots, x_n(0))$$
$$\Delta V^{(2)} = V(x_1^{(2)}(\Delta t), x_2^{(2)}(\Delta t), \cdots, x_n^{(2)}(\Delta t)) - V(x_1(0), x_2(0), \cdots, x_n(0))$$
$$\vdots$$
$$\Delta V^{(m)} = V(x_1^{(m)}(\Delta t), x_2^{(m)}(\Delta t), \cdots, x_n^{(m)}(\Delta t)) - V(x_1(0), x_2(0), \cdots, x_n(0))$$

で表すことができる。

(4) パーセント点の推定

ポートフォリオの価値変化額、

$$\Delta V^{(1)}, \Delta V^{(2)}, \cdots, \Delta V^{(m)}$$

を小さい順に並び替え、i 番目に小さなものを $\Delta \hat{V}^{(i)}$ で表すと、

$$\Delta \hat{V}^{(1)} \leq \Delta \hat{V}^{(2)} \leq \cdots \leq \Delta \hat{V}^{(m)}$$

となる。ここで、i番目の値$\Delta \hat{V}^{(i)}$のパーセント点について検討するが、これは何番目の$\Delta \hat{V}^{(i)}$によって100αパーセント点を推定すればよいかということを示している。ポートフォリオ価値変化幅を示す$\Delta V^{(i)}$は確率変数であるが、その確率分布が既知で分布関数を、

$$F^{(i)} \equiv F(\Delta V^{(i)}) = P\{\Delta V \le \Delta \hat{V}^{(m)}\}$$

で定義すると、確率分布関数の単調性より、

$$F^{(1)} \le F^{(2)} \le \cdots \le F^{(m)}$$

という順序が得られる。なお、$F^{(i)}$はある$\Delta \hat{V}^{(i)}$を選択した場合、その値は分布関数上では$100 \times F^{(i)}$パーセント点であるということを意味する。

m回の試行を必要とするシミュレーションをl回実行することで、l個のVaRの実現値を得たとする。i番目のシミュレーションにおけるj番目に小さいポートフォリオの価値変化額を$\Delta V^{(i)}_{(j)}$とし、分布関数を$F^{(i)}_{(j)}$で定義する。100αパーセント点の推定値としては、

$$\frac{F^{(1)}_{(j)} + F^{(2)}_{(j)} + F^{(3)}_{(j)} + \cdots + F^{(l)}_{(j)}}{l}$$

すなわち、

$$E[F_{(j)}] = \alpha$$

が考えられる。このことは、同じ条件のシミュレーションによってVaRの推定を数多く行った場合には、100αパーセント点の推定値として採用した$\Delta \hat{V}^{(j)}$に対応する確率水準$F_{(j)}$は、平均すると$100\alpha\%$になっている、すなわち確率水準αの不偏推定量となっていることを意味している。

演習5.5 ....

5銘柄からなる株式ポートフォリオを保有している。ただし、このポートフォリオは各銘柄を1株ずつ保有しているものとする。株価の月次データが与えられているとき、1年後の株価推移を多変量正規分布を前提としたモンテカルロ・シミュレーションで求め、1年後のポートフォリオの損益の95%

信頼水準のVaRとCVaRを計算するプログラムをExcel-VBAを用いて作成
せよ。

5.6 データの重み調整

　分布のパラメータを推定する際、遠い過去のデータより最近のデータの影
響をより大きく扱いたいというニーズがあるが、それらに対応するための方
法についていくつか検討する。

(1)　指数ウエイト法

　指数ウエイト法と呼ばれる方法では、$\lambda(0<\lambda<1)$ を定数とし、ウエイト
$w_t (i=1, 2, \cdots, T)$ を、

$$w_t = \frac{\lambda_t}{\sum_{j=1}^{T} \lambda_j}$$

と定義して、パラメータを推定する。n 種類のリスク・ファクターの収益率
データについて、$i(i=1, 2, \cdots, n)$ 番目のリスク・ファクターの時点 t での収
益率を $r_i(t)$ とすると、T 個の過去データによる標本平均 $\bar{r}_i(t)$、分散共分散
$c_{ij}(t)$ は、

$$\bar{r}_i(t) = \sum_{k=1}^{T} w_k \cdot r_i(t-k+1)$$

$$c_{ij}(t) = \sum_{k=1}^{T} w_k (r_i(t-k+1) - \bar{r}_i(t))(r_j(t-k+1) - \bar{r}_j(t))$$

で計算される。各時点の収益率に正規分布を仮定し、重み付き尤度（想定す
るパラメータ）が、ある値をとる場合に観測している事柄や事象が起こりう
る確率を、以下の尤度関数によって推定する。

$$\prod_{k=1}^{T} \{f(r_1(t-k+1), r_2(t-k+1), \cdots, r_n(t-k+1) : n, \mathbf{M}, \mathbf{\Sigma})\}^{w_k}$$

　ただし、$f(r_1(t-k+1), r_2(t-k+1), \cdots, r_n(t-k+1) : n, \mathbf{M}, \mathbf{\Sigma})$ は平均 $\mathbf{M}$、分

散共分散行列 Σ の n 変量正規分布の同時密度関数である。すなわち、過去データのうち時点 t の値の出現頻度が w_t の重みであったとみなして最尤推定を行うことに対応すると考えられる。

これは、パラメータ推定の際に重み付けを入れることにより、分散の不均一性を導入した形になっている。λ としてどのような値を用いるのが適当であるかは、むずかしい問題で決定的な答えはない。

(2) ウエイトの一般化

データの重みは必ずしも指数ウエイトである必然性はない。また、収益率分布が正規分布に従わない場合にも拡張できる。すなわち、ウエイト w_t, $(t=1, 2, \cdots, T)$ が、

$$\sum_{t=1}^{T} w_t = 1, \ 0 \leq w_t \leq 1, \ (i=1, 2, \cdots, T)$$

を満たせばよく、w_t の値が大きいほど、t 期前のデータの重要性を高く扱ったことになる。

さらに、収益率分布の密度関数（正規分布でなくてもよい）を、

$$f(r_1(t-k+1), r_2(t-k+1), \cdots, r_n(t-k+1) : n, \Theta)$$

とし（Θ はパラメータ）、尤度

$$\prod_{k=1}^{T} \{(r_1(t-k+1), r_2(t-k+1), \cdots, r_n(t-k+1) : n, \Theta)\}^{w_k}$$

で最尤推定する。このときの収益率の分布形としては、ロジスティック分布や t 分布、混合正規分布などが適用できる。

(3) 重み付き経験分布

同様に、ウエイト w_t, $(t=1, 2, \cdots, T)$ に対し、重み付き経験分布を、

$$F(x) = \sum_{k=1}^{T} w_k \cdot 1_{\{X(t-k+1) \leq x\}}$$

$$1_{\{X(t-k+1)\leq x\}} = \begin{pmatrix} 1 & \text{if} & X(t-k+1) \leq x \\ 0 & & \text{others} \end{pmatrix}$$

と定義する。通常の経験分布では、x 以下となった回数を数え上げ、試行総数 (T) で割ったものとするが、重み付きの場合は、数え上げの際に t 期前のデータが数え上げられる場合に 1 回ではなく $w_t T$ 回分数え上げることに対応する。

　ブートストラップでVaRを求める場合は、通常なら標準一様乱数を使って重複を許した再取得でシミュレーションデータをつくるところ、標準一様乱数の代わりに t 期前のデータが確率 w_t で選ばれるような乱数で再取得すればよい。

5.7　ま と め

　この章では、モンテカルロ・シミュレーションによるVaR評価の基本的な考え方を述べた。リスク・ファクターが複雑に絡み合うポートフォリオの評価には特に重要なツールとなっている。現在は、モンテカルロ・シミュレーションを高速に行うためのアルゴリズムや、準乱数によるシミュレーション回数の減少化などについての研究が進み、複雑なシミュレーションも容易に計算できる環境が整ってきた。一方、モンテカルロ・シミュレーションでは、確率変数の挙動を決める確率微分方程式とそのパラメータ推定が不可欠であり、これらがモンテカルロ・シミュレーションの結果を左右するので十分注意する必要がある。

第 **6** 章

バックテスト

第5章までは、たとえばリスク・ファクターの収益率はi.i.d.であるというような、いくつかの前提のもとでVaRを計測する方法について議論を進めてきた。しかし、現実の市場価格の変動性はこれらの前提を満たしているとは限らず、推定したVaR値にはVaR計測モデルのモデル・リスクが含まれている可能性がある。また、VaR値は標本自体にも依存するため、計測時点の市場動向によって推定値が不安定になる可能性もある。ここでは、推定したVaR値の妥当性を検証する方法について考えてみよう。

6.1　バックテストと検出力

BISでは、「バック・テスティングを利用するための監督上のフレームワーク」のなかで、推定したVaR値の妥当性を検証する**バックテスト**の実施を義務づけている。具体的には、VaRの当該保有期間後の実際の市場価格変動の結果、資産損失額が推定値であるVaR値を超えたかどうかを、一定期間観察する。そして、損失額がVaR値を超えた回数がある基準値より多ければ、「モデルが不適当」と判断するのである。たとえば、信頼水準99％のVaRであれば、VaRを超過する回数は平均的に100回に1回程度であるはずである。したがって、これが100回に10回も生じた場合には、直感的にはモデルに問題があるように思われる。しかし、VaR値が実際に正しい値であったとしても、このような事象が起こる確率は0とはいえない。では、何回以上なら計測モデルに問題ありと結論づけるのが妥当であろうか。BISでは、250営業日のバックテストの実施を義務づけており、超過回数によって3つのカテゴリーを設けている。

① 　グリーン・ゾーン：経過回数が4回以内

② 　イエロー・ゾーン：経過回数が5回以上9回以内

③ 　レッド・ゾーン　：経過回数が10回以上

金融当局は、これらのカテゴリーのうちレッド・ゾーンにあるモデルには

問題があるとみなして、高めのマルチプリケーション・ファクターを設定することができ、結果として所要資本額が高めに設定される仕組みとなっている。

一方、統計的検定では、まず仮説を立て、それが正しいかどうかを統計的に議論する。ここでは、「推定されたVaR値が正しい」というのが仮説となる。仮説が正しいにもかかわらずこれを誤って棄却してしまうことを「**第1種の誤り**」と呼び、逆に仮説が間違っているにもかかわらずこれを採択してしまうことを「**第2種の誤り**」という。したがって、推定されたVaR値が正しいにもかかわらず、これを誤りと判断するのが第1種の誤りである。監督当局の立場からいえば、正しくVaR計測した金融機関に誤ってペナルティを課してしまうという、極力避けたい誤りである。

ここで、時点 t における資産価値を $V(t)$、一定期間後の利益を $\Delta V(t)$ で表し、$\Delta V(t)$ は互いに独立で同一の分布であると仮定する。信頼水準 $(1-\alpha) \times 100$ ％のVaRを考えると、VaRの定義より、この資産から

① VaR以上の損失が発生する確率は α

② VaR内に損失が収まる確率は $1-\alpha$

である。したがって、資産の損失額 $\Delta V(t)$ がVaRを超えるかどうかの観察を N 回行ったとき、超えた回数がちょうど k 回となる確率 $p_{N,k}$ は、

$$p_{N,k} = {}_N C_k \alpha^k (1-\alpha)^{N-k} \tag{6.1}$$

となる。今、バックテストを行って、資産の損失額が推定VaR値を超えた回数 n が z 回以上の場合に仮説を棄却することとしよう。このとき「第1種の誤り」を犯す確率、すなわち、VaR値が損失の真の $\alpha \times 100$ パーセント点であるにもかかわらず、損失額が推定VaR値を超える回数が z 以上となってしまう確率 $P\{n \geq z\}$ は、

$$P\{n \geq z\} = p_{N,z} + p_{N,z+1} + \cdots + p_{N,N}$$
$$= \sum_{k=z}^{N} p_{N,k}$$

$$= \sum_{k=z}^{N} {}_N C_k \alpha^k (1-\alpha)^{N-k} \qquad (6.2)$$

で計算される。

仮説が正しくないときに成立しうる仮説を対立仮説という。対立仮説のもとで棄却される確率を検出力という（検出力は対立仮説に依存する）。

例6.1

「x は1パーセント点ではなく3パーセント点である」というのが対立仮説の場合、250回のうち｛8回以上｝を棄却域とする検定の検出力はいくらか。

解

$$P\{n \geq 8\} = \sum_{k=8}^{250} {}_{250} C_k \cdot 0.03^k (1-0.03)^{250-k} = 0.4765$$

となり、仮説を棄却する確率は47.65%、すなわち、この場合の検出力は47.65%となる。

例6.2

信頼水準99%VaRのバックテストを100日で行う場合、VaR計測値が正しいという仮定のもとでは、損失額がVaR値を超えた回数がちょうど7回となる確率はいくらか。また、損失額がVaR値を超えた回数が8回以上のときに棄却することにした場合、VaR値が実は損失の5パーセント点であるという対立仮説のもとでの検出力を求めよ。

解 ちょうど7回となる確率を q とおくと、

$$q = {}_{100} C_7 \cdot 0.01^7 (1-0.01)^{93}$$

$$= \frac{100 \times 99 \times 98 \times 97 \times 96 \times 95 \times 94}{7 \times 6 \times 5 \times 4 \times 3 \times 2 \times 1} \times 0.01^7 \times (0.99)^{93}$$

$$= 0.000062863$$

VaR値が実は損失の5パーセント点であったときに、損失がVaR値を超えるのが100回中7回以下となる確率は、

$$\sum_{k=0}^{7} {}_{100}C_k \cdot 0.05^k (1-0.05)^{100-k}$$

である。検出力は1から上記の計算結果を引いて得た値である。

例6.3 ....

m 個の乱数によるモンテカルロ法で $100 \times \dfrac{j}{m+1}$ パーセント点を推定した。このとき、あらためて行った N 回の試行でこの推定値以下の値となる回数が n 回以上となる確率を求めよ。

ただし、モンテカルロ法で仮定したリスク・ファクターの収益率分布は真であったとする。

[解] 推定値が真の分布の $100x$ パーセント点であるとき、N 回の試行でこの推定値以下の値となる回数が n 回以上となる確率は、

$$\sum_{k=n}^{N} {}_{N}C_k \, x^k (1-x)^{N-k}$$

となる。また、モンテカルロ法での推定値が真の分布の $100x$ パーセント点となる密度関数は、

$$p_j(x) = j \times {}_{m}C_j \times x^{j-1} \times (1-x)^{m-j}$$

したがって、求める確率は、

$$\int_0^1 \sum_{k=n}^{N} {}_{N}C_k \times x^k \times (1-x)^{N-k} p_j(x) dx$$

$$= \sum_{k=n}^{N} j \times {}_{N}C_k \times {}_{m}C_j \times \int_0^1 x^{k+j-1} \times (1-x)^{N-k+m-j} dx$$

$$= j \times {}_{m}C_j \sum_{k=n}^{N} {}_{N}C_k \frac{(k+j-1)!(N-k+m-j)!}{(N+m)!}$$

$$=j \times {}_mC_j \sum_{k=n}^{N} \frac{{}_NC_k}{{}_{N+m}C_{k+j}(k+j)}$$

となる。

6.2　ま　と　め

　バックテストは、バーゼルⅡのパラメータ推定にも求められている。一方、分析の対象となるデータ件数が不十分な場合、統計的な説明力を確保することがむずかしいという問題もある。また、データの特性が時間変化しているような場合には、過去の値と比較することの意味についても検討する必要がある。いずれにしても、バックテストでは基準値を超えるという事象はあくまでもアラームであり、それが出た場合には、原因の究明、その現象が一過性のものかなどについての検討が必要である。

Appendix A

行列の計算

リスク評価では、行列の計算、特に行列の積がよく用いられる。Appendix Aでは、行列に関する用語とその具体的な計算方法について、リスク評価に用いられるものをピックアップして概説する。

A.1　行列の定義

実務では、表（行列）で表現することができるデータが数多く存在している。たとえば、表A.1は1年間の格付推移確率、表A.2はあるポートフォリオに組み入れられている株式数、表A.3は表A.2に組み入れられている株式の月末終値の月別推移を表したものである。

表A.1　年間の格付推移確率の例

	Aaa	Aa	A	Baa	Ba	B	Caa	Default
Aaa	0.9340	0.0594	0.0064	0.0000	0.0002	0.0000	0.0000	0.0000
Aa	0.0161	0.9055	0.0746	0.0026	0.0009	0.0001	0.0000	0.0002
A	0.0007	0.0228	0.9244	0.0463	0.0045	0.0012	0.0000	0.0001
Baa	0.0005	0.0026	0.0551	0.8848	0.0476	0.0071	0.0008	0.0015
Ba	0.0002	0.0005	0.0042	0.0516	0.8691	0.0591	0.0024	0.0129
B	0.0000	0.0004	0.0013	0.0054	0.0635	0.8422	0.0191	0.0681
Caa	0.0000	0.0000	0.0000	0.0062	0.0205	0.0408	0.6919	0.2406
Default	0.0000	0.0000	0.0000	0.0000	0.0000	0.0000	0.0000	1.0000

表A.2　ポートフォリオに組み入れられている株式数

	株式A	株式B	株式C	株式D	株式E	株式F
ポートフォリオ1	120	600	230	490	70	250
ポートフォリオ2	540	220	370	310	140	290
ポートフォリオ3	80	90	70	160	130	200
ポートフォリオ4	30	60	120	170	20	210

表A.3　株価月末終値の月別推移

	4月	5月	6月	7月	8月
株式A	235	298	346	319	352
株式B	462	432	396	408	432
株式C	781	803	792	763	721
株式D	1,695	1,982	2,001	1,832	1,755
株式E	1,437	1,295	1,004	986	1,203
株式F	796	865	653	637	702

このような表の形で表されるデータを、**行列A**として定義し、

$$\mathbf{A} = \begin{pmatrix} a_{11} & a_{12} & \cdots & a_{1n} \\ a_{21} & a_{22} & \cdots & a_{2n} \\ \vdots & \vdots & & \vdots \\ a_{m1} & a_{m2} & \cdots & a_{mn} \end{pmatrix} \qquad (\mathrm{A}.1)$$

2列目　2行目

という形で表す。なお、行列は太文字で表記し、$\mathbf{A} = (a_{ij})$ と書く場合もある。また、a_{ij} を $\mathbf{A}$ の (i,j) **要素**と呼ぶ。

$\mathbf{A}$ の上から i 番目の横方向の部分 $(a_{i1}\ \ a_{i2}\ \cdots\ a_{in})$ を i **行**、j 番目の縦方向の部分である

$$\begin{pmatrix} a_{1j} \\ a_{2j} \\ \vdots \\ a_{mj} \end{pmatrix}$$

を j **列**と呼ぶ。

表A.1の例では、上から3番目の行は過去のある時点で格付がAであった企業が、1年後にどの格付に変化したかという実績（割合）を確率によって表現したものであり、Aaaの格付になる確率が0.0007、Aaの格付になる確率が0.0228、Aの格付になる確率が0.9244、…となっている。また、5番目の行は、ある時点で格付がBaであった企業の、1年後の格付がどうなっ

ていたかという実績を確率によって表現したものと捉えることができる。

　Aは m 個の行と n 個の列からなる行列であることから、これを $m \times n$ 行列、$m \times n$ のことを**行列のサイズ**と呼んでいる。表A.2の場合は4×6行列、表A.3の場合は6×5行列となる。行の数と列の数が等しい（$m = n$）場合、この行列を n 次の**正方行列**（表A.1の場合は8次の正方行列）、左上から右下にかけての対角線上の要素 a_{ii} を**対角要素**（**対角成分**）、それ以外の要素を**非対角要素**と呼ぶ。また、非対角要素の値がすべて0の行列を**対角行列**、そのなかで対角要素の値がすべて1の対角行列を**単位行列**と呼び、単位行列は通常 I、もしくは E で表現される。

$$I = \begin{pmatrix} 1 & 0 & \cdots & 0 \\ 0 & 1 & \cdots & 0 \\ \vdots & \vdots & \ddots & \vdots \\ 0 & 0 & \cdots & 1 \end{pmatrix}$$

　列数が1の行列を**列ベクトル**と呼び、それが m 個の要素で構成されている場合を m 次の列ベクトルと呼ぶ。

$$a = \begin{pmatrix} a_1 \\ a_2 \\ \vdots \\ a_m \end{pmatrix}$$

　また、行数が1の行列を**行ベクトル**と呼び、それが n 個の要素で構成されている場合を n 次の行ベクトルと呼ぶ。

$$b = \begin{pmatrix} a_1 & a_2 & \cdots & a_n \end{pmatrix}$$

　行列Aの行と列を入れ替えた行列を**転置行列**と呼び、A^T もしくは A' や $^t A$ で表記される。（A.1）式で表された行列Aの転置行列は、

$$A^T = \begin{pmatrix} a_{11} & a_{21} & \cdots & a_{m1} \\ a_{12} & a_{22} & \cdots & a_{m2} \\ \vdots & \vdots & \ddots & \vdots \\ a_{1n} & a_{2n} & \cdots & a_{mn} \end{pmatrix}$$

で表され、転置を2回繰り返すと元の行列に戻る。

$$(A^T)^T = A$$

また、行ベクトルを転置すると列ベクトル、列ベクトルを転置すると行ベクトルになる。

行列 A は、n 個の列ベクトルを並べたものであると考えることができるので、行列 A の j 列の列ベクトルを a_j とすると、

$$A = (a_1 \quad a_2 \cdots a_n)$$

で表すことができる。

A.2 行列の演算

行列の計算に不可欠な用語の定義を行う。2 つの行列 A と B が等しいとは、以下の条件を満たすことであり、A = B と表記する。

① 2 つの行列の大きさが等しい（2 つの行列とも $m \times n$ 行列である）。

② 2 つの行列のなかで、同一の位置にある要素が等しい。

$$a_{ij} = b_{ij}$$

以下に行列の基本的な演算について述べる。

(1) 行列の和と差

2 つの行列の大きさが等しいとき、行列の和と差を定義することができる。（A.1）式で表した行列 A と同じ大きさの行列 B を以下のように表す。

$$B = \begin{pmatrix} b_{11} & b_{12} & \cdots & b_{1n} \\ b_{21} & b_{22} & \cdots & b_{2n} \\ \vdots & \vdots & \ddots & \vdots \\ b_{m1} & b_{m2} & \cdots & b_{mn} \end{pmatrix}$$

このとき、行列の和 A + B は以下のように定義される。

$$A + B = \begin{pmatrix} a_{11}+b_{11} & a_{12}+b_{12} & \cdots & a_{1n}+b_{1n} \\ a_{21}+b_{21} & a_{22}+b_{22} & \cdots & a_{2n}+b_{2n} \\ \vdots & \vdots & \ddots & \vdots \\ a_{m1}+b_{m1} & a_{m2}+b_{m2} & \cdots & a_{mn}+b_{mn} \end{pmatrix}$$

また、行列の差 A − B についても同様に、

$$\mathbf{A} - \mathbf{B} = \begin{pmatrix} a_{11} - b_{11} & a_{12} - b_{12} & \cdots & a_{1n} - b_{1n} \\ a_{21} - b_{21} & a_{22} - b_{22} & \cdots & a_{2n} - b_{2n} \\ \vdots & \vdots & \ddots & \vdots \\ a_{m1} - b_{m1} & a_{m2} - b_{m2} & \cdots & a_{mn} - b_{mn} \end{pmatrix}$$

で定義される。このとき、

$$(\mathbf{A} + \mathbf{B})^{\mathrm{T}} = \mathbf{A}^{\mathrm{T}} + \mathbf{B}^{\mathrm{T}}$$

$$(\mathbf{A} - \mathbf{B})^{\mathrm{T}} = \mathbf{A}^{\mathrm{T}} - \mathbf{B}^{\mathrm{T}}$$

という関係が成り立つ。

(2) 行列の実数倍

行列を c で実数倍するとは、行列の各要素 a_{ij} に c を掛け合わせたものである。

$$c\mathbf{A} = \begin{pmatrix} ca_{11} & ca_{12} & \cdots & ca_{1n} \\ ca_{21} & ca_{22} & \cdots & ca_{2n} \\ \vdots & \vdots & \ddots & \vdots \\ ca_{m1} & ca_{m2} & \cdots & ca_{mn} \end{pmatrix}$$

(3) 行列の積

行列 $\mathbf{A} = (a_{ij})$ の列の数と $\mathbf{D} = (d_{kh})$ の行の数が等しいとき、行列の積 $\mathbf{AD}$ は以下の式で定義される。なお、行列 $\mathbf{A}$ の列数と、行列 $\mathbf{D}$ の行数が等しくない場合には、行列の積は計算できない。

$$\mathbf{AD} = \begin{pmatrix} a_{11} & a_{12} & \cdots & a_{1n} \\ a_{21} & a_{22} & \cdots & a_{2n} \\ \vdots & \vdots & \ddots & \vdots \\ a_{m1} & a_{m2} & \cdots & a_{mn} \end{pmatrix} \times \begin{pmatrix} d_{11} & d_{12} & \cdots & d_{1h} \\ d_{21} & d_{22} & \cdots & d_{2h} \\ \vdots & \vdots & \ddots & \vdots \\ d_{n1} & d_{n2} & \cdots & d_{nh} \end{pmatrix}$$

$$= \begin{pmatrix} \sum_{l=1}^{n} a_{1l} d_{l1} & \sum_{l=1}^{n} a_{1l} d_{l2} & \cdots & \sum_{l=1}^{n} a_{1l} d_{lh} \\ \sum_{l=1}^{n} a_{2l} d_{l1} & \sum_{l=1}^{n} a_{2l} d_{l2} & \cdots & \sum_{l=1}^{n} a_{2l} d_{lh} \\ \vdots & \vdots & \ddots & \vdots \\ \sum_{l=1}^{n} a_{ml} d_{l1} & \sum_{l=1}^{n} a_{ml} d_{l2} & \cdots & \sum_{l=1}^{n} a_{ml} d_{lh} \end{pmatrix} \qquad (\mathrm{A.2})$$

（A.2）式の、行列の積 AD の2行2列目の要素 $\sum_{l=1}^{n} a_{2l} d_{l2}$ は、行列 A の2行目の行ベクトル $(a_{21} \quad a_{22} \cdots a_{2n})$ と、行列 D の2列目の列ベクトル $\begin{pmatrix} d_{12} \\ d_{22} \\ \vdots \\ d_{n2} \end{pmatrix}$ によって構成されているが、これらの行ベクトルと列ベクトルの要素の数はともに n であることに注意をする。また、転置行列を使えば列ベクトル $\begin{pmatrix} d_{12} \\ d_{22} \\ \vdots \\ d_{n2} \end{pmatrix}$ は $(d_{12} \quad d_{22} \cdots d_{n2})^{\mathrm{T}}$ で表現できた。行列の積の結果として与えられる、行列の積 AD の2行2列目の要素 $\sum_{l=1}^{n} a_{2l} d_{l2}$ は、

$$\sum_{l=1}^{n} a_{2l} d_{l2} = a_{21} d_{12} + a_{22} d_{22} + \cdots + a_{2n} d_{n2}$$

であり、これは、n 個の要素で構成される行列 A の2行目の行ベクトル $(a_{21} \quad a_{22} \cdots a_{2n})$ と行列 D の2列目の列ベクトル $(d_{12} \quad d_{22} \cdots d_{n2})^{\mathrm{T}}$ について、それぞれの l 番目の要素を掛け合わせたものの合計値として計算される。

この行列の積を $AD = E$ で表すと、これらの行列の大きさには図A.1のような関係がある。

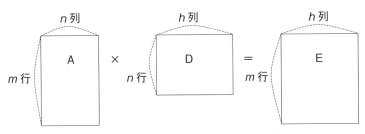

図A.1　行列の積の演算における行列の大きさ

$$A = \begin{pmatrix} 3 & 2 \\ 6 & 5 \end{pmatrix}, \quad D = \begin{pmatrix} 3 & 8 \\ -4 & 2 \end{pmatrix}$$

という2つの2×2行列A, Dがある。行列の積 AD と DA を計算せよ。

解

$$AD = \begin{pmatrix} 3 & 2 \\ 6 & 5 \end{pmatrix} \begin{pmatrix} 3 & 8 \\ -4 & 2 \end{pmatrix} = \begin{pmatrix} 3 \times 3 + 2 \times (-4) & 3 \times 8 + 2 \times 2 \\ 6 \times 3 + 5 \times (-4) & 6 \times 8 + 5 \times 2 \end{pmatrix} = \begin{pmatrix} 1 & 28 \\ -2 & 58 \end{pmatrix}$$

$$DA = \begin{pmatrix} 3 & 8 \\ -4 & 2 \end{pmatrix} \begin{pmatrix} 3 & 2 \\ 6 & 5 \end{pmatrix} = \begin{pmatrix} 3 \times 3 + 8 \times 6 & 3 \times 2 + 8 \times 5 \\ (-4) \times 3 + 2 \times 6 & (-4) \times 2 + 2 \times 5 \end{pmatrix} = \begin{pmatrix} 57 & 46 \\ 0 & 2 \end{pmatrix}$$

例A.1の結果は、たとえ行列の積 AD と DA が定義されたとしても、一般には AD と DA は等しくならず、掛ける向きによって内容が異なることを示している。つまり**交換法則**は成り立たない。

行列Aの列の数と、行列Dの行の数が等しい以下の行列を考える。

$$A = \begin{pmatrix} 3 & 2 \\ 6 & 5 \\ 4 & 7 \end{pmatrix}, \quad D = \begin{pmatrix} 3 & 8 \\ -4 & 2 \end{pmatrix}$$

行列の積 AD を計算せよ。

解

$$AD = \begin{pmatrix} 3 & 2 \\ 6 & 5 \\ 4 & 7 \end{pmatrix} \begin{pmatrix} 3 & 8 \\ -4 & 2 \end{pmatrix} = \begin{pmatrix} 3 \times 3 + 2 \times (-4) & 3 \times 8 + 2 \times 2 \\ 6 \times 3 + 5 \times (-4) & 6 \times 8 + 5 \times 2 \\ 4 \times 3 + 7 \times (-4) & 4 \times 8 + 7 \times 2 \end{pmatrix} = \begin{pmatrix} 1 & 28 \\ -2 & 58 \\ -16 & 46 \end{pmatrix}$$

なお、行列Dの列の数は2であり、行列Aの行の数は3であるので、行列の積 DA は計算できない。

ここで、単位行列 I を用いた行列の積について考える。

$$DI = \begin{pmatrix} 3 & 8 \\ -4 & 2 \end{pmatrix} \begin{pmatrix} 1 & 0 \\ 0 & 1 \end{pmatrix} = \begin{pmatrix} 3 & 8 \\ -4 & 2 \end{pmatrix}$$

$$ID = \begin{pmatrix} 1 & 0 \\ 0 & 1 \end{pmatrix} \begin{pmatrix} 3 & 8 \\ -4 & 2 \end{pmatrix} = \begin{pmatrix} 3 & 8 \\ -4 & 2 \end{pmatrix}$$

行列 D に単位行列 I を掛け合わせても行列は変わらないが、これは通常の掛算において 1 を掛けても数値は変わらないことと同じ意味をもっている。

一般には AD と DA は等しくならないが、ABCD のような複数の行列の積が定義される場合には、掛け合わせる順番は任意に変更できる（行列の積の**結合方法交換性**）。

$$ABCD = (AB)CD = A(BC)D = AB(CD)$$

したがって、A が正方行列である場合にはその p 個の積は A の p 乗で計算可能である。

$$\underbrace{AA \cdots A}_{p個} = AA^{p-1} = A^{p-1}A = A^{p-2}A^2 = A^p$$

(4) 内　積

以下のような n 次のベクトルを考えると、これらは $n \times 1$ 行列である。

$$\mathbf{a} = \begin{pmatrix} a_1 \\ a_2 \\ \vdots \\ a_n \end{pmatrix}, \quad \mathbf{b} = \begin{pmatrix} b_1 \\ b_2 \\ \vdots \\ b_n \end{pmatrix}$$

ここで、ベクトルの**内積**について定義する。ベクトル a とベクトル b の内積とは、$\mathbf{a}^\mathsf{T}\mathbf{b}$ で計算される値のことである。行列の積の定義から、

$$\mathbf{a}^\mathsf{T}\mathbf{b} = (a_1 \quad a_2 \cdots a_n) \begin{pmatrix} b_1 \\ b_2 \\ \vdots \\ b_n \end{pmatrix} = a_1 b_1 + a_2 b_2 + \cdots + a_n b_n = \sum_{i=1}^{n} a_i b_i \qquad （A.3）$$

となる。また、$\mathbf{a}^\mathsf{T}\mathbf{b} = 0$ のとき、これらのベクトルは**直交**すると呼ばれる。

（A.2）式の行列の積は、（A.3）式の内積を用いて表現することがで

き、（A.2）式の (i, j) の要素は、内積 $\mathbf{a}_i^{\mathsf{T}}\mathbf{d}_j$ で与えられる。ただし、$\mathbf{a}_i^{\mathsf{T}}$ は行列 A の i 行を表す行ベクトル、$\mathbf{d}_j$ は行列 D の j 列を表す列ベクトルである。

演習A.1 ....

以下のような行列 A, B, D がある。

$$A = \begin{pmatrix} 3 & 2 \\ 6 & 5 \\ 4 & 7 \end{pmatrix}, \quad B = \begin{pmatrix} -4 & 7 \\ 2 & -9 \\ 5 & 3 \end{pmatrix}, \quad D = \begin{pmatrix} 3 & 8 \\ -4 & 2 \end{pmatrix}$$

以下の行列の演算を Excel を用いて計算せよ。

(1) $5A + 3B$

(2) $6A - 2B$

(3) A^{T}

(4) AD

解 Excel では行列の計算ができるが、通常の計算処理と手順が異なるので注意が必要である。まず、計算結果が格納されるセルを事前に指定しアクティブにしておく。図A.1 に示した、行列の積の演算における行列の大きさを参考に、アクティブにするセルの範囲を事前に決定する。

① セルC4：D6に行列 A の値、セルC10：D12に行列 B の値、セルC15：D16に行列 D の値を入力する。

	C	D
4	3	2
5	6	5
6	4	7

	C	D
10	−4	7
11	2	−9
12	5	3

	C	D
15	3	8
16	−4	2

② **$5A + 3B$ の計算**

セルG4：H6をアクティブにした後、=5*(C4:D6)+3*(C10:D12) と入力し、[Shift] キーと [Ctrl] キーを押しながら [Enter] キーを押す。

	G	H
4	3	31
5	36	− 2
6	35	44

③ **6A−2B**の計算

セルG10：H12をアクティブにした後、=6*(C4:D6)-2*(C10:D12) と入力し、[Shift] キーと [Ctrl] キーを押しながら [Enter] キーを押す。

	G	H
10	26	− 2
11	32	48
12	14	36

④ **A^T**の計算

セルG15：I16をアクティブにした後、=TRANSPOSE(C4:D6) と入力し、[Shift] キーと [Ctrl] キーを押しながら [Enter] キーを押す。転置行列では、行と列の値が元の行列と逆になるので、アクティブにする範囲に気をつける必要がある。

	G	H	I
15	3	6	4
16	2	5	7

⑤ **AD**の計算

セルG19：H21をアクティブにした後、=MMULT(C4:D6,C15:D16) と入力し、[Shift] キーと [Ctrl] キーを押しながら [Enter] キーを押す。

	G	H
19	1	28
20	−2	58
21	−16	46

　表A.2と表A.3に示したデータが与えられている。この2つの表を行列で定義したうえで、月次のポートフォリオ毎の時価総額をExcelによって計算せよ。

[解]　表A.2のデータを行列Aとし、表A.3のデータを行列Bとする。求めたい、月別ポートフォリオ別の時価総額の行列をBとすると、

　　AB＝C

でその解を求めることができる。

① セルC6：H9に行列Aの値（表A.2のデータ）、セルC13：G18に行列Bの値（表A.3のデータ）を入力する。

	C	D	E	F	G	H
6	120	600	230	490	70	250
7	540	220	370	310	140	290
8	80	90	70	160	130	200
9	30	60	120	170	20	210

	C	D	E	F	G
13	235	298	346	319	352
14	462	432	396	408	432
15	781	803	792	763	721
16	1,695	1,982	2,001	1,832	1,755
17	1,437	1,295	1,004	986	1,203
18	796	865	653	637	702

② **AB**の計算

セルC22：G25をアクティブにした後、=MMULT(C6:H9,C13:G18) と入力し、[Shift] キーと [Ctrl] キーを押しながら [Enter] キーを押す。

	C	D	E	F	G
22	1,615,170	1,757,730	1,675,300	1,584,520	1,586,930
23	1,474,980	1,599,640	1,517,240	1,435,020	1,467,940
24	732,260	777,400	700,040	664,350	695,100
25	612,540	675,710	626,560	590,540	592,830

A.3　逆 行 列

9の逆数は1/9であるが、逆数とは、もとの数と逆数との積が1になるような数のことである。つまり、9×1/9＝1という関係が成り立つ。これと同じ概念を行列に対して定義したものが**逆行列**であり、行列で表現したときの1に相当するものが単位行列である。すなわち、正方行列 **A** の逆行列を $\mathbf{A}^{-1}$ と表すと、これは以下の式を満たす正方行列でなければならない。

$$\mathbf{AA}^{-1} = \mathbf{A}^{-1}\mathbf{A} = \mathbf{I}$$

なお、この逆行列は、すべての正方行列に対して存在するものではなく、

正則であるときのみ存在するので注意が必要である。正則とは正方行列 A の
行列式と呼ばれる値が 0 ではない状態のことである。詳細については専門書
を参照されたい。

　ここで、未知数 x, y, z が以下のような一次方程式を同時に満たしているも
のとする。

$$\begin{cases} x + 3y + 3z = 23 \\ 3x - y + 2z = 8 \\ 2x + 4y - z = 21 \end{cases}$$

このとき、これらの一次方程式をまとめたものを連立一次方程式と呼ぶ。

$$A = \begin{pmatrix} 1 & 3 & 3 \\ 3 & -1 & 2 \\ 2 & 4 & -1 \end{pmatrix}, \ c = \begin{pmatrix} x \\ y \\ z \end{pmatrix}, \ b = \begin{pmatrix} 23 \\ 8 \\ 21 \end{pmatrix}$$

と定義すると、この連立方程式は、

　　Ac = b

という行列形式で書くことができる。A が正則である場合には、逆行列 A^{-1}
を用いて、

　　$c = A^{-1}b$

で c の解を計算することができる。

演習A.3 ....

　先の連立方程式を Excel を用いて解け。

解

① 　セル C6：E8 と、セル G6：G8 に連立方程式の各係数の値を入力する。

	C	D	E		G
6	1	3	3		23
7	3	−1	2		8
8	2	4	−1		21

② $\mathbf{A}$ の行列式の計算

　　セルC11に、=MDETERM(C6:E8) と入力し、$\mathbf{A}$ の行列式を計算する。

③ $\mathbf{A}$ の行列式が正則であるかどうかの表示

　　セルE11に、=IF(C11<>0,"正則","特異") と入力し、$\mathbf{A}$ の行列式が正則
であれば「正則」違っていれば「特異」と表示する。

④ $\mathbf{A}$ の逆行列の計算

　　セルC13：E15をアクティブにした後、=MINVERSE(C6:E8) と入力し、
[Shift] キーと [Ctrl] キーを押しながら [Enter] キーを押す。

	C	D	E
13	−0.12500	0.26786	0.16071
14	0.12500	−0.12500	0.12500
15	0.25000	0.03571	−0.17857

⑤ $\mathbf{c} = \mathbf{A}^{-1}\mathbf{b}$ の計算

　　セルC18：C20をアクティブにした後、=MMULT(C13:E15,G6:G8) と入
力し、[Shift] キーと [Ctrl] キーを押しながら [Enter] キーを押す。

	C
18	2.64286
19	4.50000
20	2.28571

表A.1は、1年間の格付推移確率行列の実績値を示している。このデータから、5年間の格付推移確率を計算せよ。また、この計算結果から、現在の格付がAである企業が、5年間にデフォルトする確率はいくらとなるか。さらに、5年後に格付がA以上となる確率はいくらか。

解

① セルB6：J14に、格付と推移確率の値を入力する。

	B	C	D	E	F	G	H	I	J
6		Aaa	Aa	A	Baa	Ba	B	Caa	Default
7	Aaa	0.9340	0.0594	0.0064	0.0000	0.0002	0.0000	0.0000	0.0000
8	Aa	0.0161	0.9055	0.0746	0.0026	0.0009	0.0001	0.0000	0.0002
9	A	0.0007	0.0228	0.9244	0.0463	0.0045	0.0012	0.0000	0.0001
10	Baa	0.0005	0.0026	0.0551	0.8848	0.0476	0.0071	0.0008	0.0015
11	Ba	0.0002	0.0005	0.0042	0.0516	0.8691	0.0591	0.0024	0.0129
12	B	0.0000	0.0004	0.0013	0.0054	0.0635	0.8422	0.0191	0.0681
13	Caa	0.0000	0.0000	0.0000	0.0062	0.0205	0.0408	0.6919	0.2406
14	Default	0.0000	0.0000	0.0000	0.0000	0.0000	0.0000	0.0000	1.0000

② 2年間の格付推移確率の計算

セルC20：J27をアクティブにした後、=MMULT(C7:J14,C7:J14) と入力し、[Shift] キーと [Ctrl] キーを押しながら [Enter] キーを押す。

	B	C	D	E	F	G	H	I	J
19		Aaa	Aa	A	Baa	Ba	B	Caa	Default
20	Aaa	0.8733	0.1094	0.0163	0.0005	0.0004	0.0000	0.0000	0.0000
21	Aa	0.0297	0.8226	0.1368	0.0082	0.0021	0.0003	0.0000	0.0004
22	A	0.0017	0.0419	0.8588	0.0841	0.0104	0.0027	0.0001	0.0004
23	Baa	0.0010	0.0060	0.1001	0.7879	0.0842	0.0152	0.0015	0.0041
24	Ba	0.0004	0.0012	0.0105	0.0910	0.7616	0.1016	0.0049	0.0288
25	B	0.0000	0.0008	0.0029	0.0128	0.1093	0.7139	0.0295	0.1309
26	Caa	0.0000	0.0000	0.0005	0.0111	0.0349	0.0638	0.4796	0.4101
27	Default	0.0000	0.0000	0.0000	0.0000	0.0000	0.0000	0.0000	1.0000

③　3年間の格付推移確率の計算

　　セルC33：J40をアクティブにした後、=MMULT(C7:J14,C20:J27) と入力し、[Shift] キーと [Ctrl] キーを押しながら [Enter] キーを押す。

	B	C	D	E	F	G	H	I	J
32		Aaa	Aa	A	Baa	Ba	B	Caa	Default
33	Aaa	0.8175	0.1513	0.0289	0.0015	0.0008	0.0001	0.0000	0.0000
34	Aa	0.0411	0.7498	0.1884	0.0158	0.0036	0.0007	0.0000	0.0007
35	A	0.0029	0.0578	0.8017	0.1148	0.0171	0.0045	0.0002	0.0009
36	Baa	0.0015	0.0098	0.1368	0.7062	0.1121	0.0235	0.0022	0.0078
37	Ba	0.0006	0.0020	0.0181	0.1209	0.6729	0.1314	0.0072	0.0469
38	B	0.0001	0.0011	0.0048	0.0211	0.1416	0.6090	0.0343	0.1880
39	Caa	0.0000	0.0001	0.0013	0.0149	0.0447	0.0755	0.3331	0.5303
40	Default	0.0000	0.0000	0.0000	0.0000	0.0000	0.0000	0.0000	1.0000

④　5年間の格付推移確率の計算

　　セルC46：J53をアクティブにした後、=MMULT(C20:J27,C33:J40) と入力し、[Shift] キーと [Ctrl] キーを押しながら [Enter] キーを押す。

	B	C	D	E	F	G	H	I	J
45		Aaa	Aa	A	Baa	Ba	B	Caa	Default
46	Aaa	0.7184	0.2151	0.0590	0.0053	0.0017	0.0003	0.0000	0.0002
47	Aa	0.0584	0.6292	0.2667	0.0348	0.0076	0.0019	0.0001	0.0013
48	A	0.0057	0.0822	0.7081	0.1599	0.0316	0.0089	0.0006	0.0029
49	Baa	0.0026	0.0184	0.1908	0.5786	0.1490	0.0394	0.0034	0.0180
50	Ba	0.0010	0.0040	0.0354	0.1598	0.5374	0.1645	0.0108	0.0869
51	B	0.0002	0.0019	0.0097	0.0381	0.1774	0.4516	0.0351	0.2859
52	Caa	0.0001	0.0004	0.0035	0.0206	0.0552	0.0799	0.1622	0.6782
53	Default	0.0000	0.0000	0.0000	0.0000	0.0000	0.0000	0.0000	1.0000

⑤ デフォルトする確率

上記の表から、現在の格付がAである企業が5年間の間にデフォルトする確率は0.29%となる。

⑥ 格付がA以上となる確率

同様に、この企業の格付が5年後の時点でA以上である確率は、79.60%（0.0057 + 0.0822 + 0.7081）となる。

Appendix B

確率変数と
確率分布

株式や債券などの金融商品について、１週間後の価格を推定しようとすると、多くの不確実な要因を想定しなければならない。**確率論**は、こうした不確実性を数学的に表すための道具であり、ここではその基礎概念について説明する。

B.1 確率とは

確率的な現象を記述するために、確率論では**試行**というものを考える。これは、サイコロを投げたときに出る目のように、事前に結果を知ることのできない、あるいは予測できない現象について、観察や実験を行うことを意味する。一方、起こりうる結果の全体は知ることができるものとし、この集合を**標本空間**と呼び、通常 Ω で表す。また、試行の各々の結果、すなわち標本空間の要素を**根元事象**、標本空間の部分集合を**事象**という。集合論の言葉を用いると、根元事象とは標本空間 Ω の要素 $\omega \in \Omega$ のことであり、標本空間を構成する最も小さな事象である。また、$A \subset \Omega$ である集合 A は事象である。標本空間 Ω 自身と空集合 ϕ も、Ω の部分集合であるのでこれらも事象であり、Ω は全事象、ϕ は空事象と呼ばれる。これらの確率論で用いられる言葉の定義をまとめると、表 B.1 のようになる。

ここで、サイコロ投げについて考える。１つのサイコロを投げるという実験において、i の目が出るという根元事象を ω_i で表すと、標本空間は $\Omega =$

表 B.1 確率論で用いられる言葉の定義

	記　号	意　味	集合論での呼称
全事象	Ω		全体集合
根元事象	ω	$\omega \in \Omega$	要　素
事　象	A, B など	$A \subset \Omega$	部分集合
空事象	ϕ		空集合

188

$\{\omega_1, \omega_2, \omega_3, \omega_4, \omega_5, \omega_6\}$ であり、どれかの目が出る事象と捉えることができる。また、偶数の目が出る事象は $\{\omega_2, \omega_4, \omega_6\}$ で、奇数の目が出る事象は $\{\omega_1, \omega_3, \omega_5\}$ で表すことができる。

B.2　確率変数と確率分布

　根元事象は、各試行の結果であり、抽象的な概念でもかまわない。そこで各々の根元事象に実数値を対応づけ、たとえばサイコロ投げの場合には、根元事象 ω_i に対して i を対応させる写像を考えることができる。出た目の値そのものよりも、その目が偶数か奇数かということに関心がある場合には、

　　$\{\omega_1, \omega_3, \omega_5\}$ に対しては 1

　　$\{\omega_2, \omega_4, \omega_6\}$ に対しては 2

という対応づけが考えられる。この対応関係を写像 X を用いて

　　$X(\omega_1) = X(\omega_3) = X(\omega_5) = 1$

　　$X(\omega_2) = X(\omega_4) = X(\omega_6) = 2$

と表せば、根元事象 ω_i のことを忘れ、X によって移された結果 $X(\omega_i)$ を用いて、試行についての議論が可能となる。

　確率は事象に対して割り当てられる。したがって、移された先の実数の世界で確率の議論を行うためには、写像 X から導かれる事象、

　　$\{\omega : a < X(\omega) \leq b\}$

を考える必要がある。この事象に矛盾なく確率が割り当てられているときに、写像 X を確率変数（random variable）と呼ぶ。この事象を、

　　$\{a < X \leq b\}$

と書き、その確率を、

　　$P\{a < X \leq b\}$

で表す。$X(\omega)$ を確率変数 X の**実現値**と呼び、実現値の集合を X の標本空間と呼ぶ場合がある。X が確率変数であることがわかれば（もしくは仮定され

ていれば)、X の実現値から確率の議論ができる。

定義B.1

確率 $P\{X \le x\}$ を x の関数と考えたとき、

$$F(x) = P\{X \le x\} \ , \ -\infty < x < \infty$$

を確率変数 X の**分布関数**(distribution function)と呼ぶ。

分布関数は、以下の3つの条件を満たし、この条件によって特徴づけられる。

条件1:$x \le y$ ならば $F(x) \le F(y)$ (広義の単調増加)

条件2:$F(x) = \lim_{h \to 0+} F(x+h)$ (右連続)

条件3:$\lim_{x \to -\infty} F(x) = 0$, $\lim_{x \to +\infty} F(x) = 1$

X に関するなんらかの確率を計算したいときには、分布関数をもとに、たとえば $a < b$ のときには、

$$P\{a < X \le b\} = F(b) - F(a) \tag{B.1}$$

であるので、事象 $\{a < X \le b\}$ の確率は分布関数から計算される。

もし、ある企業の株価に興味がある場合、株価を表す X に対して、もし事象 $\{a < X \le b\}$ の確率が定義(もしくは仮定)できるのであれば、背後にある根元事象が何であれ、実現値(株価)についての確率の議論が可能となる。

(1) 離散的な確率変数

X の実現値が $x_1, x_2, \cdots, x_n$ という n 個の離散的な値しかとらない場合には、事象 $\{X = x_i\}$ とその確率、

$$p_i = P\{X = x_i\} \ , \ i = 1, 2, \cdots, n$$

を考えることができる。p_i は確率変数 X が実現値 x_i をとる確率であり、確率に矛盾がないということは、

$$p_i \geq 0, \quad \sum_{i=1}^{n} p_i = 1 \tag{B.2}$$

を満たすことである。このような確率変数 X を**離散的**と呼び、$\{p_i\}$ を X の**確率分布**と呼ぶ。

　ここでは、離散的な確率変数のイメージとして、

$$X \sim \begin{bmatrix} x_1 & x_2 & \cdots & x_n \\ p_1 & p_2 & \cdots & p_n \end{bmatrix}$$

と捉えておく。$\sim$ は、分布に従うことを意味したものであり、確率変数 X は、実現値 x_i が現れる確率が p_i となる分布に従うという意味である。

　次に、重要な離散的な確率分布について検討する。

(a)　ベルヌーイ分布

　確率変数 X が 0 か 1 という 2 つの値しかとらないとし、それぞれの確率を $(1-p)$ と p とする。つまり、

$$X \sim \begin{bmatrix} 0 & 1 \\ 1-p & p \end{bmatrix}$$

のとき、確率変数 X はパラメータ p の**ベルヌーイ分布**に従っているといい、

$$X \sim B_e(p)$$

で表す。

(b)　二項分布

　確率変数 X のとりうる値が $\{0, 1, \cdots, n\}$ で、その確率分布が、

$$p_i = {}_nC_i p^i (1-p)^{n-i}, \quad i = 0, 1, \cdots, n \tag{B.3}$$

であるとすると、確率変数 X はパラメータ (n, p) の**二項分布**に従っているといい、

$$X \sim B(n, p)$$

で表す。ただし、$0 < p < 1$ とし、${}_nC_i$ は、

$$_{n}C_{i} = \frac{_{n}P_{i}}{i!} = \frac{n!}{i!(n-i)!}$$

で定義される二項係数であるとする。なお、$_{n}C_{i}$ は n 個のなかから異なる i 個を取り出す場合の組合せの数であり、$_{n}P_{i}$ は、n 個のなかから i 個を取り出す順列の数である。

(c) ポアソン分布

　確率変数 X のとりうる値が $\{0, 1, 2, \cdots\}$ で、その確率分布が、

$$p_{n} = \frac{\lambda^{n}}{n!} e^{-\lambda}, \quad n = 0, 1, \cdots$$

であるとき、確率変数 X はパラメータ λ の**ポアソン分布**に従っているといい、

$$X \sim P_{o}(\lambda)$$

で表す。

　ポアソン分布 $P_{o}(\lambda)$ は、二項分布 $B(n, \lambda/n)$ の極限として求められる。$X \sim B(n, \lambda/n)$ のとき、（B.3）式より、

$$P\{X = k\} = {}_{n}C_{k}\left[\frac{\lambda}{n}\right]^{k}\left[1 - \frac{\lambda}{n}\right]^{n-k} = \frac{\lambda^{k}}{k!}\left[1 - \frac{\lambda}{n}\right]^{n}\prod_{i=1}^{k-1}\left[1 - \frac{i}{n}\right]\left[1 - \frac{\lambda}{n}\right]^{-k}$$

となるが、

$$\lim_{n \to \infty}\left[1 - \frac{\lambda}{n}\right]^{n} = e^{-\lambda}$$

であり、また残りの項は $n \to \infty$ のとき 1 に収束する。したがって、この確率は $n \to \infty$ のときにポアソン分布に収束する。

　また、指数関数のテイラー展開の式、

$$e^{\lambda} = \sum_{n=0}^{\infty}\frac{\lambda^{n}}{n!} \tag{B.4}$$

に注意すればポアソン分布は（B.2）式を満足する。

ここで、**ベルヌーイ試行**について検討する。

定義B.2

確率変数の列 $X_1, X_2, \cdots, X_n$ が独立で同一の分布に従っているとき、$X_1,$ $X_2, \cdots, X_n$ は i.i.d.（independent and identically distributed）であるという。

確率変数列 $X_1, X_2, \cdots, X_n$ において、X_i を i 回目の試行で得られる結果を表す確率変数とすると、i.i.d. という仮定は、この試行が独立で同一の分布に従っているということを意味する。このような試行を**ベルヌーイ試行**と呼ぶ。

ここで、試行の結果が成功と失敗という2通りで表され、これを n 回繰り返すベルヌーイ試行について考える。成功した場合を1、失敗した場合を0で表し、X_i を i 番目の試行の結果であるとし、成功の確率を p で表す。

$$X = \sum_{i=1}^{n} X_i$$

とおくと、X は n 回のベルヌーイ試行において1の出た数、すなわち成功の回数を表す確率変数である。n を10とすると、事象 $\{X = 4\}$ は、10回の試行を行うと4回成功することを意味しているので、この事象の確率は、

$$P\{X = 4\} = {}_{10}C_4 p^4 (1-p)^6$$

となり、X は二項分布 $B(10, p)$ に従う確率変数となる。

定理B.1

確率変数列 $X_1, X_2, \cdots, X_n$ が i.i.d. であり、$X = \sum_{i=1}^{n} X_i$ とする。このとき、$X_i \sim B_e(p)$ ならば、X は二項分布 $B(n, p)$ に従う。

演習B.1 ....

ある基準で企業をグループ化しているとする。そのグループに含まれる各

企業が１年以内に倒産する確率は、それぞれ20％であり互いに独立であるとする。このグループのなかから10銘柄を選び出したとき、１年以内に倒産が発生する件数別に、それぞれの発生確率と、累積確率の値を計算せよ。

解 （B.3）式に、$n=10, p=0.2$ を代入し、i の値を $0 \sim 10$ まで変化させた場合の p_i の値を計算する。また、Excel には BINOM. DIST という二項分布の確率を計算する関数がある。この関数を用いて確率密度関数（発生確率）、累積確率分布関数（累積分布）の値を計算する。

① 条件入力画面の作成

次のような条件入力画面を作成する。

	B	C	D	E	F	G	H
4	試行回数	n	10	回			
5	倒産確率	p	20	％			
6							
7	倒産件数	$_nC_i$	$p \wedge i$	$(1-p) \wedge (n-i)$	$p(i)$	確率密度	累積分布
8	0	1	1	0.107374	0.107374	0.107374	0.107374
9	1	10	0.2	0.134218	0.268435	0.268435	0.375810
10	2	45	0.04	0.167772	0.301990	0.301990	0.677800
11	3	120	0.008	0.209715	0.201327	0.201327	0.879126
12	4	210	0.0016	0.262144	0.088080	0.088080	0.967207
13	5	252	0.00032	0.327680	0.026424	0.026424	0.993631
14	6	210	0.000064	0.409600	0.005505	0.005505	0.999136
15	7	120	0.0000128	0.512000	0.000786	0.000786	0.999922
16	8	45	0.00000256	0.640000	0.000074	0.000074	0.999996
17	9	10	0.000000512	0.800000	0.000004	0.000004	1.000000
18	10	1	1.024E-07	1.000000	0.000000	0.000000	1.000000

② 条件入力

セル D4 に試行回数 n の値として10を、セル D5 に倒産確率 p の値として 20（％）を入力する。

③ 倒産件数の指定

　倒産件数の数 i として、B8：B18に 0 ～10の値を入力する。

④ 組合せの数の計算

　セルC8に =COMBIN($D$4,B8) と入力し、$_nC_i$ の値を計算する。さらに、セルC8をC9：C18にコピーする。

⑤ 確率の計算

　セルD8に =($D$5/100)^B8 と入力して p^i の値を、セルE8に =(1-$D$5/100)^($D$4-B8) と入力して $(1-p)^{n-i}$ の値を計算する。また、セルF8に =C8*D8*E8 と入力して、確率密度関数 p_i の値を計算する。

⑥ BINOM. DIST関数による確率密度関数の計算

　BINOM. DIST関数は、BINOM. DIST（件数、試行回数、発生率、関数形式）の形で入力する。関数形式として、[TRUE]もしくは[1]を指定した場合には累積分布関数、[FALSE]もしくは[0]を指定した場合には確率密度関数となる。セルG8に =BINOM. DIST(B8,$D$4,$D$5/100,0) と入力し、確率密度関数の値を計算し、セルG8をG9：G18の間にコピーする。

⑦ BINOM. DIST関数による累積分布関数の計算

　セルH8に =BINOM. DIST(B8,$D$4,$D$5/100,1) と入力し、累積分布関数の値を計算し、セルH8をH9：H18の間にコピーする。

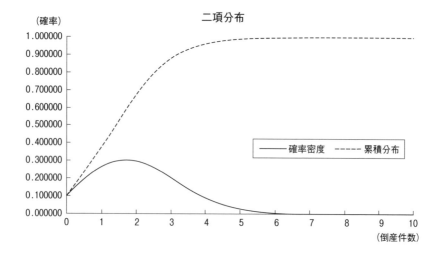

(2) 連続的な確率変数と密度関数

確率変数 X の実現値が実数の連続区間上にあり、すべての a と b に対して非負の関数 $f(x)$ が存在し、

$$P\{a < X \le b\} = \int_a^b f(x)dx \qquad (\mathrm{B.5})$$

であるとき、$f(x)$ を X の**密度関数**（density function）と呼ぶ。密度関数は唯一には定まらないため、注意が必要である。たとえば（B.5）において、ある実数 c に対して $f_1(c) \ne f(c)$ とし、$x \ne c$ のとき $f_1(c) = f(c)$ となる関数 $f_1(c)$ を考えると、この $f_1(c)$ も X の密度関数となる。したがって、厳密には密度関数を一意に決定することはできないため、通常は最も扱いやすい自然な密度関数を選ぶ。

積分の性質から、十分小さな $h > 0$ に対して、

$$P\{x < X \le x+h\} \approx f(x)h \qquad (\mathrm{B.6})$$

が成立するが、これが密度関数の意味するところである。連続的な確率変数においては、

$$P\{X=x\}=0$$

となるので注意が必要である。（B.5）式において、$a=-\infty, b=x$ とおけば、

$$\int_{-\infty}^{x} f(y)dy = P\{X \leq x\} = F(x)$$

となるので、密度関数 $f(x)$ は分布関数 $F(x)$ を x で微分することにより求められる。分布関数 $F(x)$ は、定義より「X が x 以下の事象の確率」を意味するが、密度関数の値そのものが確率を表しているわけではないので、密度関数 $f(x)$ の値は 1 より大きくてもかまわない。密度関数は、

$$f(x) \geq 0, \int_{-\infty}^{\infty} f(x)dx = 1 \tag{B.7}$$

を満たす関数として特徴づけられる。

ここで、実務上重要ないくつかの密度関数について説明する。

⒜ 一様分布

閉区間 $[a, b]$ 上に値をとる連続的な確率変数 X が、どの値も同様にとりうるとき、X は**一様分布**（uniform distribution）に従うという。形式的には、密度関数が、

$$f(x) = \begin{cases} (b-a)^{-1}, & a \leq x \leq b \\ 0, & その他 \end{cases} \tag{B.8}$$

で与えられるときに、確率変数 X は $[a, b]$ 上の一様分布に従うといい、記号で、

$$X \sim U(a, b)$$

と表記する。また、区間 $[0, 1]$ 上の一様分布 $U(0, 1)$ を標準一様分布と呼ぶ。

⒝ 正規分布

$(-\infty, \infty)$ 上の密度関数、

$$f(x) = \frac{1}{\sqrt{2\pi}\sigma} \exp\left\{ -\frac{(x-\mu)^2}{2\sigma^2} \right\}, \quad -\infty < x < \infty \tag{B.9}$$

をもつ確率変数 X は、パラメータ (μ, σ^2) の**正規分布**（normal distribution）に従うといい、

$$X \sim N(\mu, \sigma^2)$$

で表す。

標準正規分布は、$X \sim N(0, 1)$ で表されるが、その密度関数を、

$$\phi(x) = \frac{1}{\sqrt{2\pi}} \exp\left\{-\frac{x^2}{2}\right\}$$

で、分布関数を、

$$\Phi(x) = \int_{-\infty}^{x} \frac{1}{\sqrt{2\pi}} \exp\left\{-\frac{u^2}{2}\right\} du$$

で表すことが多い。

ここで、

$$Y = \frac{X - \mu}{\sigma} \tag{B.10}$$

で定義される確率変数 Y について検討する。事象 $\{X \leq \mu + \sigma x\}$ と事象 $\{Y \leq x\}$ は同じであるから、これらの確率も等しく、

$$P[Y \leq x] = P[X \leq \mu + \sigma x]$$

である。（B.5）式と（B.9）式より、

$$P[X \leq \mu + \sigma x] = \int_{-\infty}^{\mu + \sigma x} \frac{1}{\sqrt{2\pi}\sigma} \exp\left\{-\frac{(y - \mu)^2}{2\sigma^2}\right\} dy$$

が得られる。ここで $u = (y - \mu)/\sigma$ によって変数変換を行うと、

$$P[Y \leq x] = \int_{-\infty}^{x} \frac{1}{\sqrt{2\pi}} \exp\left\{-\frac{u^2}{2}\right\} du$$

となり、$Y \sim N(0, 1)$ となる。このことは、（B.10）式より任意の正規分布を標準正規分布に変更することが可能であることを意味しており、（B.10）式による変換のことを**基準化（標準化）**と呼ぶ。逆に、標準正規分布に従う確率変数 Y から、

$$X = \sigma Y + \mu \tag{B.11}$$

という変換を行うことで、任意の正規分布 $X \sim N(\mu, \sigma^2)$ に従う確率変数 X をつくることができる。

実務の世界では、$P[Y \leq x]$ という確率ではなく、$P[Y > x]$ という確率に興味がある場合が多い。この確率のことを**残余確率**と呼び、

$$\bar{\Phi}(x) = \int_x^\infty \frac{1}{\sqrt{2\pi}} \exp\left\{-\frac{u^2}{2}\right\} du$$

$$\bar{\Phi}(x) = 1 - \Phi(x)$$

で定義する。また、標準正規分布の密度関数の対称性から、

$$\bar{\Phi}(x) = \Phi(-x)$$

が成立する。通常の場合、正規分布表として示されるのは $x \geq 0$ に対する $\bar{\Phi}(x)$ の値であり、その $\bar{\Phi}(x) = \alpha$ となる点 x_α の値を読み取ることもできる。この x_α を標準正規分布の 100α パーセント点と呼ぶ。

演習B.2 ....

$X \sim N(1, 2)$ であるとき、$P[-2 < X \leq 2]$ をExcelで計算せよ。

[解] この計算では、正規分布の累積分布関数の計算が必要である。Excelには正規分布関数の値を計算するためにNORMDISTという関数が用意されている。この関数の使い方は、

NORMDIST（値、平均、標準偏差、関数形式）であり、関数形式に [TRUE] を指定した場合には累積分布関数、[FALSE] を指定した場合には確率密度関数となる。

① 条件入力画面の作成

次のような条件入力画面を作成する。

	B	C	D
4	平均	μ	1
5	分散	σ	2
6	下限値	a	-2
7	上限値	b	2
8			
9	累積分布関数	（下限）	0.016947366
10		（上限）	0.760250013
11	確率		0.743302647

② 条件入力

　　セルD4に平均、セルD5に分散、セルD6に区間の下限値、セルD7に区間の上限値を入力する。

③ 下限値の確率分布関数の値の計算

　　セルD9に =NORMDIST($D$6,$D$4,SQRT($D$5),1) と入力し、$P[X \leq -2]$ の値を計算する。

④ 上限値の確率分布関数の値の計算

　　セルD10に =NORMDIST($D$7,$D$4,SQRT($D$5),1) と入力し、$P[X \leq 2]$ の値を計算する。

⑤ 求めたい確率の計算

　　セルD11に =D10-D9 と入力し、$P[-2 < X \leq 2]$ の値を計算する。

関数の微分と
テイラー展開

リスクの評価では、関数の微分、テイラー展開が重要となる。ここではそれらの考え方について概説する。

C.1 関数の微分と数値微分

(1) 連　　続

　関数 $f(x)$ が**連続**であるかどうかについては、微分可能性の議論をするときに不可欠の問題である。ある関数 $f(x)$ について、

$$\lim_{x \to a} f(x) = f(a) \tag{C.1}$$

が成り立つとき、$f(x)$ は $x=a$ で連続であるという。これは、x を限りなく a に近づけると、$f(x)$ の値も限りなく $f(a)$ に近づくということを意味している。$\lim_{x \to a} f(x)$ とは、x を限りなく a に近づけたとき $(x \to a)$ の $f(x)$ の極限状態を意味している。

(2) 微　　分

　ある関数 $f(x)$ に以下の式で表される**極限**が存在するとき、この極限値を $f(x)$ の $x=a$ における**微分**（$f'(x)$）と呼び、$f(x)$ は $x=a$ で**微分可能**であると呼ばれる。

$$f'(a) = \lim_{h \to 0} \frac{f(a+h) - f(a)}{h} \tag{C.2}$$

　極限とは、h が限りなく 0 に近づくということであるが、その近づき方には 2 通りある。すなわち、0 より大きい値から 0 に向かっていく（$h \to 0+$）場合と、0 より小さな値から 0 に向かっていく（$h \to 0-$）場合である。（C.2）式の極限が $h \to 0+$ のときに存在するとき、関数 $f(x)$ は $x=a$ で右微分可能であるといい、極限が $h \to 0-$ のときに存在するとき、関数 $f(x)$ は $x=a$ で左微分可能であるという。$f(x)$ は $x=a$ で微分可能であるというのは、右微分可能でかつ左微分可能であり、それらの極限が一致することを意味して

いる。

（C.2）式の極限が存在するということは、

$$\lim_{h \to 0} \{f(a+h) - f(a)\} = 0$$

でなくてはならず、これは（C.1）式を満たしている。すなわち、関数 $f(x)$ が $x = a$ で微分可能であるなら、$f(x)$ は $x = a$ で連続である。ただし、この逆は必ずしも成立しない。

関数 $f(x)$ が定義域ですべての x で微分可能なとき、$f(x)$ は微分可能であるという。また、各 x における微分 $f'(x)$ を関数として捉えたものを $f(x)$ の**導関数**、導関数を求めることを**微分**するという。

$y = f(x)$ とおく。x が $x + h$ に変化したときの x と y の変化量は、

$$\Delta x = (x + h) - x = h \tag{C.3}$$

$$\Delta y = f(x + h) - f(x) \tag{C.4}$$

で表され、これを**増分**という。これらを（C.2）式に代入すると、

$$f'(x) = \lim_{h \to 0} \frac{f(x+h) - f(x)}{h} = \lim_{h \to 0} \frac{\Delta y}{\Delta x} \tag{C.5}$$

が得られる。

ここで、（C.5）式の意味について検討する。関数 $f(x)$ は、確率変数 x の値が与えられると、$f(x)$ という値を返す一種のルール（モデル）を表したものである。たとえば確率変数 x が株価を表しており、その株価 x を原資産とする株式オプションの価格（プレミアム）C が、

$$C = f(x)$$

で計算されているものとする。このとき、株式オプションの価格（プレミアム）C は、株価 x の関数で求められることを意味する。なお、後述する Black-Scholes モデルでは、株式オプションの価格が原資産 x の関数として与えられる。（C.3）式の Δx は、現在の株価 x が $x + h$ まで変化したときの変化幅であり、h は株価 x の増分を示している。また、（C.4）式の Δy は、現在の株価 x から Δx だけ変化したときの、株式オプションの価格変化の幅

を表している。したがって（C.5）式で示された微分の値は、株価が h 分だけ微小変化したとき、株式オプションの価格 $f(x)$ がどのぐらい変化するかという割合を示していると考えられる。これは、リスク評価の考え方にマッチするものであり、現変数 x が微小変化したときの関数 $f(x)$ で表される価値への影響は、微分によって計測できることを示している。

　微分とは変化率 $\Delta y / \Delta x$ の極限であり、h を十分小さな値にしたときの変化率をもって微分の近似値とすることが可能である。このように微分を数値的に計算することを**数値微分**と呼び、以下のような式が利用される。

$$f'(a) \approx \frac{f(a+h)-f(a)}{h}$$

$$f'(a) \approx \frac{f(a+h)-f(a-h)}{2h}$$

$f(x)$ が微分可能であれば、Δx や Δy は $h \to 0$ のときに 0 に収束する。無限小の変化率という考えのもとで、Δx と Δy をそれぞれ dx と dy と表記して、これらを（C.5）式に適用すると、

$$f'(x) = \frac{dy}{dx}$$

が得られる。

　ここで、2つの関数の合成によって定義される関数 $f(g(x))$ について検討する。

$$y = g(x)$$
$$z = f(y) = f(g(x))$$

で表される関数 z の微分は、

$$dz = f'(y)dy$$
$$\quad = f'(y)g'(x)dx$$

となり、

$$(f(g(x)))' = f'(g(x))g'(x) \tag{C.6}$$

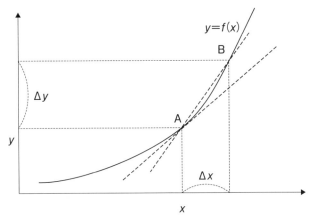

図C.1　関数の微分

が得られる。この（C.6）式のことを、**合成微分の公式**と呼ぶ。

　図C.1の点Aの座標を (x, y)、Bの座標を $(x+\Delta x, y+\Delta y)$ とおく。直線 AB の傾きは変化率 $\Delta y / \Delta x$ であり、$h \to 0$ のときに点Bは点Aに限りなく近づくので、直線 AB は点A、すなわち x における関数 $y = f(x)$ の接線に収束する。したがって、微分 $f'(x)$ は x における関数 $y = f(x)$ の接線の傾きを表している。

　関数 $f(x)$ が $x = a$ で微分可能であるとき、以下の定理が成り立つ。

定理C.1

(a)　$f'(a) > 0 \Leftrightarrow f(x)$ は $x = a$ で x が増加すれば $f(x)$ も増加する状態にある。

(b)　$f'(a) < 0 \Leftrightarrow f(x)$ は $x = a$ で x が増加すれば $f(x)$ は減少する状態にある。

(3)　高次の導関数

　次に、導関数 $f'(x)$ に対する微分について考える。関数 $f(x)$ の導関数 $f'(x)$ がすべての x において微分可能であれば、導関数 $f'(x)$ の微分を計算することができ、これを $f''(x)$ で表す。また、$f''(x)$ がすべての x において

微分可能であれば、$f''(x)$ の導関数を考えることができ、これを $f'''(x)$ で表す。この $f''(x)$ を2次の導関数、$f'''(x)$ を3次の導関数と呼ぶ。同様に、より高次の n 次導関数が存在する場合、それを $f^{(n)}(x)$ と表す。

2次の導関数に関し、以下のような特徴がある。

定理C.2

関数 $f(x)$ は、ある開区間 I で2回微分可能であるとする。すべての $x \in I$ に対し、$f''(x) > 0$ であるなら $f(x)$ はこの区間で凸 (convex) であり、$f''(x) < 0$ であれば $f(x)$ はこの区間で凹 (concave) である。

関数 $f(x)$ が凸であるとは、$x = a$ で関数 $f(a)$ から接線を引いたとき、関数 $f(x)$ がこの接線よりも上方にある場合を意味する。したがって、図C.1に示した $y = f(x)$ は凸関数である。また、凹関数とは、関数 $f(x)$ がこの接線よりも下方にある場合であり、図C.2がその例である。

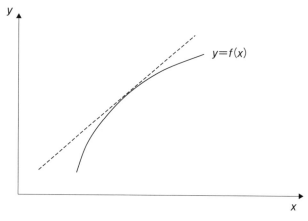

図C.2　凹関数

⑷ テイラー展開

テイラー展開について検討する。テイラー展開の定理は以下のようになっている。

定理C.3

関数 $f(x)$ が、$n+1$ 回微分可能であるとき、以下の式が成立する。なお、この式の最後の項 $o(\cdot)$ はスモールオーダーと呼ばれるものであり、$h \to 0$ であるとき0に収束する。

$$f(x+h) = f(x) + \frac{f'(x)}{1!}h + \frac{f''(x)}{2!}h^2 + \cdots + \frac{f^{(n)}(x)}{n!}h^n + o(h^n) \quad (C.7)$$

なお、（C.7）式の "!" は階乗であり、$n!$ は整数 $1 \sim n$ までの積を意味している。

$$n! = 1 \times 2 \times \cdots \times (n-1) \times n$$

$1! = 1$ であることに注目すると、（C.7）式は、

$$f(x+h) - f(x) = \sum_{i=1}^{n} \frac{f^{(i)}(x)}{i!}h^i + o(h^n) \quad (C.8)$$

となる。ここで、この h がきわめて小さな増分、つまり $h \to 0$ である場合を想定する。たとえば、$h = 0.0001$ である場合には、$h^2 = 0.00000001$、$h^3 = 0.000000000001$ となり、h^n の値は n の値が大きくなると極端に小さな値となり、h^n を含む項は無視してよい値となる。したがって、実務的には、

$$f(x+h) \approx f(x) + f'(x)h \quad (C.9)$$

もしくは、

$$f(x+h) \approx f(x) + f'(x)h + \frac{f''(x)}{2!}h^2 \quad (C.10)$$

までの次数を考えることが多い。

また、（C.7）式は、

$$\frac{f(x+h)-f(x)}{h} = f'(x) + \frac{f''(x)}{2!}h + \cdots + \frac{f^{(n)}(x)}{n!}h^{n-1} + o(h^n) \qquad (C.11)$$

と変形できる。この式の左辺は、変数 x が h 分だけ変化したとき、変数 x によって決まる関数 $f(x)$ がどのぐらい変化するかという割合を示したものである。そして、この割合がリスク計測の基本となっている。

微分の定義である（C.2）式と（C.9）式を比較すると、（C.9）のテイラー展開において、$h \to 0$ という極限をとったとき、微分の定義と一致することがわかる。すなわち、

$$\frac{f(x+h)-f(x)}{h} \approx f'(x) \qquad (C.12)$$

となり、変数 x が h 分だけ変化したとき、変数 x によって決まる関数 $f(x)$ の変化の割合を微分値によって計測することができる。一方、$h \to 0$ ではないときには、少なくとも h^2 の項を無視することはできず、たとえば（C.10）式より、

$$\frac{f(x+h)-f(x)}{h} \approx f'(x) + \frac{f''(x)}{2!}h \qquad (C.13)$$

によって変数 x によって決まる関数 $f(x)$ の変化の割合を計算する必要があることがわかる。

(5) 偏微分

x と y という 2 つの変数で定義される 2 変数関数 $f(x, y)$ において、一方の変数、たとえば y を定数として捉え、x について微分することを、x に関して**偏微分**するという。すべての x に対して偏微分可能であるなら、x の偏導関数が存在し、

$$f_x, \ \frac{\partial f}{\partial x}, \ \frac{\partial}{\partial x}f$$

などと表す。2 変数関数 $f(x, y)$ の x に関する偏微分は、

$$f_x(x, y) = \lim_{h \to 0} \frac{f(x+h, y) - f(x, y)}{h} \qquad (\text{C}.14)$$

で定義される。

また、2変数関数 $f(x, y)$ の x に関する偏微分 $f_x(x, y)$ が y に関して微分可能であれば、f_x は y に関して偏微分可能であり、

$$f_{xy}, \quad \frac{\partial^2 f}{\partial y \partial x}, \quad \frac{\partial^2}{\partial y \partial x} f$$

で表す。これらを2次の偏導関数と呼ぶが、まず x で偏微分し、次に y で偏微分していることをこれらの表記が示していることに注意する必要がある。f_{xy} と f_{yx} がともに連続である場合には、$f_{xy} = f_{yx}$ となるが、一般にはこれらが一致するとは限らない。

テイラー展開を2変数関数 $f(x, y)$ に拡張すると、2変数関数 $f(x, y)$ が2次の連続な偏導関数をもつなら、以下の式のように展開できる。

$$f(x+h, y+j) \approx f(x, y) + f_x(x, y)h + f_y(x, y)j$$
$$+ \frac{f_{xx}(x, y)h^2 + 2f_{xy}(x, y)hj + f_{yy}(x, y)j^2}{2!} \qquad (\text{C}.15)$$

演習C.1 ....

関数 $f(x) = 2x^3 + x^2 - 4x + 5$ の $x = 5$ における微分を数値微分により計算し、解析解と比較せよ。ただし、$h = 10^{-n} \, (n = 1.2, \cdots, 8)$ とする。

[解] 関数 $f(x) = 2x^3 + x^2 - 4x + 5$ の導関数は、$f'(x) = 6x^2 + 2x - 4$ で与えられる。

① $x = 5$ の指定

セルB9に5と入力する。

② $h = 10^{-n}$ の n の値の指定

セルC9：C16に1～8の値を入力する。

③ $h = 10^{-n}$ の計算

セルD9に =1/(10^C9) と入力し、このセルをD10：D16にコピーする。

④ $f(x+h)$ の値の計算

セルE9に =2*(($B$9+$D9)^3)+(($B$9+$D9)^2)−4*($B$9+$D9)+5 と入力し、このセルをE10：E16にコピーする。

⑤ $f(x)$ の値の計算

セルF9に =2*($B$9^3)+($B$9^2)−4*$B$9+5 と入力し、このセルをF10：F16にコピーする。

⑥ 数値微分の計算

セルG9に =(E9−F9)/D9 と入力し、このセルをG10：G16にコピーする。

⑦ 微分の解析解の計算

セルH9に =6*($B$9^2)+2*$B$9−4 と入力する。

	B	C	D	E	F	G	H
5	関数	$f(x)=2x^3+x^2-4x+5$				$f'(x)=6x^2+2x-4$	
6							
7	x の値	h の条件	h の値	$f(x+h)$	$f(x)$	微分 $f'(x)$	
8						数値微分	解析解
9	5	1	0.1	275.912	260.000	159.12	156
10		2	0.01	261.563	260.000	156.31	
11		3	0.001	260.156	260.000	156.03	
12		4	0.0001	260.016	260.000	156.00	
13		5	0.00001	260.002	260.000	156.00	
14		6	0.000001	260.000	260.000	156.00	
15		7	0.0000001	260.000	260.000	156.00	
16		8	0.00000001	260.000	260.000	156.00	

事項索引

212

実践　VaRとリスク評価の基礎

2023年10月6日　第1刷発行
2009年2月5日　『Excel & VBAで学ぶVaR』初版発行

編著者　青　沼　君　明
発行者　加　藤　一　浩

〒160-8519　東京都新宿区南元町19
発　行　所　一般社団法人 金融財政事情研究会
出 版 部　TEL 03(3355)2251　FAX 03(3357)7416
販売受付　TEL 03(3358)2891　FAX 03(3358)0037
URL https://www.kinzai.jp/

校正：株式会社友人社／印刷：株式会社太平印刷社

ISBN978-4-322-14357-7